इश्क़ है
सुर्मः-ए-दीवानगी

इश्क़ है
सुर्मः-ए-दीवानगी

शाह नियाज़ अहमद बरेलवी

सम्पादक
सुमन मिश्र

rekhta
publications

राजकमल प्रकाशन

rekhta publications

राजकमल प्रकाशन

रेख़्ता पब्लिकेशंस

बी-37, सेक्टर - 1, नोएडा

उत्तर प्रदेश - 201301

contact@rekhta.org | www.rekhtabooks.com

www.rajkamalprakashan.com

प्रथम संस्करण : 2023

ISBN : 978-93-94494-45-9

इश्क़ है सुर्मः-ए-दीवानगी

शाह नियाज़ अहमद बरेलवी

सम्पादक - सुमन मिश्र

आवरण रेखा चित्र : कपिल भारद्वाज

टाइपिंग एवं सेटिंग - मोहम्मद अमजद

मुद्रक : थॉमसन प्रेस (इंडिया) लिमिटेड

मूल्य : ₹ 249

हिन्दुस्तान की सूफ़ी-भक्ति परम्परा के नाम

प्रस्तावना

हिंदुस्तान में सिलसिला-ए-चिश्तिया की बुनियाद हज़रत ख़्वाजा मुईनुद्दीन चिश्ती ने रखी जिन के बाद इस सिलसिले में एक से बढ़ कर एक सूफ़ी बुज़ुर्ग हुए। इन बुज़ुर्गों में हज़रत ख़्वाजा क़ुतुबुद्दीन बख़्तियार काकी,हज़रत हमीदुद्दीन नागौरी, हज़रत बाबा फ़रीद, हज़रत अलाउद्दीन साबिर कलियरी, हज़रत निज़ामुद्दीन औलिया, हज़रत अमीर ख़ुसरौ, ख़्वाजा नसीरुद्दीन चिराग़ दिल्ली और ख़्वाजा बंदानवाज़ गेसूदराज़ भारतीय जनमानस में बड़े लोकप्रिय हुए। इन सूफ़ी संतों ने अपने आचरण, उपदेशों और कलाम से भारत में तसव्वुफ़ की दशा और दिशा दोनों बदल दी। हज़रत निज़ामुद्दीन औलिया ने हिंदुस्तान में गंगा-जमुनी तहज़ीब के पाए को इतना मज़बूत कर दिया कि जिस पर आज इस का पूरा भवन टिका है। हज़रत निज़ामुद्दीन औलिया का किरदार हिन्दुस्तानी तसव्वुफ़ की हदीस है। जब भी किसी सूफ़ी के किरदार को परखना हो तो हज़रत निज़ामुद्दीन औलिया ने उन परिस्थितियों में क्या किया यह देख लेना चाहिए। वह पहले ऐसे सूफ़ी थे जिनके विषय में सारी जानकारी प्रमाणिक मिलती है। हज़रत निज़ामुद्दीन औलिया ने पहली बार बैत-ए-आम शुरु किया और जो भी मुरीद होना चाहता वह उसे मुरीद करते थे। हज़रत निज़ामुद्दीन औलिया के मुरीदों ने पूरे हिंदुस्तान में चिश्ती सिलसिले को प्रसिद्ध कर दिया। हज़रत ख़्वाजा बंदानवाज़ के समय तक यह सिलसिला दकन पहुँचा। ख़्वाजा बंदानवाज़ गेसूदराज़ के बाद सिलसिला-ए- चिश्तिया का असर दिल्ली से कम होता चला गया।

शाह कलीमुल्लाह शाहजहानाबादी के समय इस सिलसिले ने

दोबारा दिल्ली में दस्तक दी। शाह कलीमुल्लाह के दादा मशहूर वास्तुकार थे, जिन्होंने ताजमहल और शाहजहानाबाद के शाही क़िले का नक़्शा बनाया था। शाह कलीमुल्लाह के पिता हाजी नूर अल्लाह एक प्रसिद्ध ख़ुश-नवीस थे। शाह कलीमुल्लाह अपने विसाल (सन् 1729 ई.) तक दिल्ली मे ही रहे और इन्हें अपनी ख़ानक़ाह में ही दफ़नाया गया । इनकी दरगाह को सन् 1857 ई. के विद्रोह मे क्षति पहुंची थी ।

शाह कलीमुल्लाह के ख़लीफ़ा शाह निज़ामुद्दीन औरंगाबादी थे । शाह निज़ामुद्दीन औरंगाबादी के परिवार का शजरा शेख़ शहाबुद्दीन सुहरावर्दी से जाकर मिलता है। शाह कलीमुल्लाह से इनकी पहली मुलाक़ात महफ़िल-ए-समाअ के दौरान हुई थी। शाह कलीमुल्लाह क़व्वाली के दौरान ख़ानक़ाह का दरवाज़ा बंद रखते थे जैसे ही क़व्वाली शुरू होती थी, निज़ामुद्दीन दरवाज़े पर आकर खड़े हो जाते थे और जब तक दरवाज़ा नहीं खुलता था वहीं खड़े रहते थे। एक दिन एक मुरीद ने हज़रत शाह कलीमुल्लाह को आकर बताया कि दरवाज़े पर कोई अजनबी खड़ा है। हज़रत ने फ़रमाया कि वह अजनबी नहीं है उसे अंदर आने दो! कुछ समय के बाद हज़रत ने उन्हें दक्कन भेज दिया जहाँ बुरहानपुर और शोलापुर में कुछ दिन बिताने के बाद उन्होंने औरंगाबाद में क़याम किया। हैदराबाद के संस्थापक निज़ाम-उल-मुल्क असफ़ जाह का नाम शाह निज़ामुद्दीन औरंगाबादी के प्रसिद्ध मुरीदों में शुमार होता है। निजामुल्मुल्क असफ़ जाह ने रश्क-ए-गुलशन-ए-इरम नाम की किताब भी लिखी है।

शाह निज़ामुद्दीन औरंगाबाद मे अपने क़याम के बाद अपने विसाल तक वहीं रहे। इनका विसाल सन् 1730 ई. में हुआ। हज़रत निज़ामुद्दीन औरंगाबादी के देहांत के पश्चात उनके ख़लीफ़ा उनके अपने ही बेटे मौलाना फ़ख़्रुद्दीन बने जिनकी उम्र तब महज़ 16 साल

थी। आगे चलकर इनके मुरीदों ने सिलसिला-ए- चिश्तिया का ख़ूब प्रचार किया । इनमे प्रमुख थे –

1. नूर मुहम्मद महारवी (मृत्यु–1790)- इन्होंने सिलसिले का प्रचार पंजाब में किया।
2. शाह नियाज़ अहमद बरेलवी – (मृत्यु -1834) – इन्होंने अपनी ख़ानक़ाह बरेली में बनाई और रूहेलखण्ड में सिलसिले का प्रचार किया !
3. मौलाना ज़ियाउद्दीन – (मृत्यु -1810) इन्होंने जयपुर मे क़याम किया
4. मीर शम्सुद्दीन – इन्होंने अजमेर में क़याम किया

आदि।

ख़्वाजा फ़ख़्रुद्दीन का विसाल सन् 1785 ई. में हुआ और इनकी मज़ार ख़्वाजा क़ुतुबउद्दीन बख़्तियार काकी कॉम्प्लेक्स में है।

ख़्वाजा फ़ख़्रुद्दीन की ख़ानक़ाह का पदभार उनके बड़े बेटे शाह ग़ुलाम क़ुतुबुद्दीन ने संभाला जिन्होंने आख़िरी दो मुग़ल बादशाहों – अकबर शाह (1806-1837 ई.) और बहादुर शाह ज़फ़र को अपने मुरीदों मे शामिल किया। ख़्वाजा फ़ख़्रुद्दीन के पोते ख़्वाजा नसीरुद्दीन काले मियाँ की सोहबत से मिर्ज़ा ग़ालिब को बड़ा लाभ पहुँचा था। ख़्वाजा फ़ख़्रुद्दीन ने तसव्वुफ़ पर एक किताब ऐन-उल-यक़ीन लिखी है।

ख़्वाजा फ़ख़्रुद्दीन के ख़ुलफ़ा में सब से अधिक प्रसिद्धि हज़रत शाह नियाज़ अहमद बरेलवी को मिली जिन्होंने हज़रत निज़ामुद्दीन औलिया के स्वर्णयुग को मानो पुनर्जीवित कर दिया। इन की ख़ानक़ाह में इल्म और कला का जैसा संगम देखने मिलता है वह हिंदुस्तान की किसी और ख़ानक़ाह में नहीं मिलता।

हज़रत शाह नियाज़ अहमद बरेलवी का जन्म सन् 1742 ई. में

सरहिंद में हुआ था। उनके पूर्वज बुख़ारा के शाही परिवार से थे। उनके पूर्वजों में से एक हज़रत शाह आयतुल्लाह अल्वी साहब राज-पाट छोड़ कर मुल्तान में बस गए। शाह अयातुल्लाह के पोते हज़रत अज़्मतुल्लाह अल्वी सरहिंद आए। उनके बेटे हज़रत शाह मुहम्मद सरहिंद से दिल्ली आ कर बस गए।आप हज़रत शाह नियाज़ अहमद साहब के वालिद हैं। आप दिल्ली में क़ाज़ी-उल-कुज़ात (मुख्य न्यायाधीश) थे।

हज़रत शाह नियाज़ की माँ का नाम बीबी लाडू था जिन्हें हज़रत बीबी ग़रीब नवाज़ भी कहा जाता है। उनके पिता हज़रत मौलाना सईदुद्दीन साहब हज़रत शैख़ कलीमुल्लाह शाहजहानाबादी के मुरीद थे।हज़रत शाह नियाज़ की माँ भी बड़ी अध्यात्मिक महिला थी। वह हज़रत शाह मुहीउद्दीन ग़ियासनामी की शिष्या थीं। कहते हैं उनके मुर्शिद ने उन्हें सिलसिला-ए-क़ादरिया में दो बार बै'अत किया। जब उन्होंने इसकी वजह पूछी तो हज़रत ने फ़रमाया कि एक बार उन्हें और एक बार उनके गर्भ में पल रहे बच्चे को बै'अत किया गया है। माँ के गर्भ में जो संतान थी वह आगे चल कर हज़रत शाह नियाज़ अहमद बरेलवी के नाम से विख्यात हुई।

हज़रत शाह नियाज़ बचपन में ही अपने माता-पिता के साथ सरहिंद से दिल्ली आ गए। उनके जीवन पर उनकी माँ का बड़ा प्रभाव रहा।उनकी प्रारंभिक शिक्षा अपने नाना हज़रत मौलाना सईदुद्दीन साहब की देख-रेख में हुई। बचपन में ही उनकी माँ ने उन्हें हज़रत फ़ख़्रुद्दीन देहलवी के सुपुर्द कर दिया था जो दिल्ली में हज़रत फ़ख़्र-ए-जहाँ के नाम से विख्यात थे।

हज़रत शाह नियाज़ ने अपनी आगे की शिक्षा दिल्ली के मदरसा फ़ख़्रिया से पूरी की। पन्द्रह वर्ष की उम्र में विभिन्न विद्वानों ने तीन दिनों तक उनकी परीक्षा ली और कठिन सवाल-जवाब के बाद फ़ारिग़-उत-

तहसील का ख़िताब दिया। बाद में उसी मदरसे में वह शिक्षक भी बने और आगे चलकर उस मदरसे का संचालन भी किया। हज़रत फ़ख़्र-ए-जहाँ ने उन्हें ख़िलाफ़त दी और बरेली जाने का हुक्म दिया। हज़रत शाह नियाज़ अहमद बरेली पहुँचे और वहाँ ख़ानक़ाह-ए-नियाज़िया तामीर की गई। कुछ ही वर्षों में यह ख़ानक़ाह अध्यात्मिक शिक्षा का प्रमुख केंद्र बन गई।

हज़रत शाह नियाज़ ने सिलसिला-ए-क़ादरिया की ख़िलाफ़त हज़रत अब्दुल्लाह बग़दादी से प्राप्त की। कहते हैं कि हज़रत फ़ख़्र-ए-जहाँ को ख़्वाब में यह आदेश हुआ कि हज़रत शाह नियाज़ को सिलसिला-ए-क़ादरिया से भी फैज़ हासिल होगा और जिन से यह हासिल होगा वह आज कल दिल्ली में हैं। अगले दिन हज़रत फ़ख़्र-ए-जहाँ ने एक बड़े थाल में मिठाइयाँ सजवाई और उस थाल को अपने सर पर रख कर अपने मुरीद का हाथ पकड़े जामा मस्जिद पहुंचे। वहाँ पहुँच कर उन्होंने हज़रत अब्दुल्लाह बग़दादी साहब को पहचान लिया और वह थाल उनके समक्ष रख दी। हज़रत अब्दुल्लाह बग़दादी ने हज़रत शाह नियाज़ को जामा मस्जिद में ही हज़ारों लोगों की भीड़ के बीच ख़िलाफ़त प्रदान की।

हज़रत शाह नियाज़ अहमद का विवाह हज़रत अब्दुल्लाह बग़दादी की साहिबज़ादी से हुआ लेकिन कुछ ही वर्षों में पत्नी का निधन हो गया। हज़रत शाह नियाज़ ने फिर दूसरी शादी की। इस विवाह से उन्हें दो बेटे हुए जिनके नाम शाह निज़ामुद्दीन हुसैन और शाह नसीरुद्दीन थे।

हज़रत शाह नियाज़ अहमद बरेलवी एक महान सूफ़ी संत थे और उन्हें तसव्वुफ़ पर अपने समय की सब से महान विभूतियों में से एक माना जाता है।

हज़रत शाह नियाज़ ने पंद्रह वर्ष की उम्र से शायरी शुरु की और

75 वर्ष की उम्र तक शायरी करते रहे। अंतिम पच्चीस वर्षों में उन्होंने शायरी नहीं की। शायरी में उन के उस्ताद का नाम पता नहीं चलता।

अपने 55 वर्षों के रचनाकाल में उन्होंने 18 किताबें लिखी हैं। हज़रत शाह नियाज़ ने चार ज़बानों, अरबी, फ़ारसी, उर्दू और हिन्दवी में शायरी की है। उनका तख़ल्लुस 'नियाज़' था। उनका दीवान, दीवान-ए-नियाज़ के नाम से प्रकाशित हो चुका है। उनकी शायरी की प्रसिद्धि का अंदाजा इस बात से लगाया जा सकता है कि उनके दीवान के 50 से ज़ियादा संस्करण मिलते हैं। हज़रत शाह नियाज़ ने शायरी की कई विधाओं, यथा ना'त, मुनाजात, मंक़बत, मसनवी, ग़ज़ल आदि में कलाम कहे हैं।उन के दीवान को तीन भागों में विभाजित किया जा सकता है- पहले भाग में फ़ारसी कलाम हैं। इस हिस्से में एक मुनाजात जिस में 384 मिसरे हैं और 101 फ़ारसी ग़ज़लें हैं। इस के अलावा के ग़ज़ल अरबी में और एक ग़ज़ल ऐसी भी है जिस का एक मिसरा अरबी, दूसरा फ़ारसी में है। इस हिस्से में उनकी दो मसनवियाँ और पाँच मुस्तज़ाद भी शामिल हैं।

हज़रत शाह नियाज़ साहब की एक फ़ारसी ग़ज़ल के कुछ शे'र देखें -

आ'शिक़-ए-बे-ख़बर मनम मन न-मनम न-मन मनम
आ'रिफ़-ए-बा-हुनर मनम मन न-मनम न-मन मनम

(मैं बे-ख़बर आ'शिक़ हूँ, मैं मैं नहीं हूँ, न मैं मैं हूँ
मैं हुनर-मंद आ'रिफ़ हूँ, मैं मैं नहीं हूँ, न मैं मैं हूँ)

सोज़-ए-दिल-ओ-जिगर मनम वह्शत-ए-पर्द: दर मनम
दानिश-ए-बख़्य:-गर मनम मन न-मनम न-मन मनम

(मैं दिल-ओ-जिगर का सोज़ हूँ, मैं पर्दे चाक करने वाली वहशत हूँ
मैं बख़िए सीने वाली अ'क़्ल हूँ, मैं मैं नहीं हूँ, न मैं मैं हूँ)

दीवान के दूसरे भाग में 66 उर्दू ग़ज़लें शामिल हैं। हज़रत शाह नियाज़ की उर्दू ग़ज़लें हालाँकि संख्याँ में कम हैं लेकिन हर ग़ज़ल रूहानियत और इश्क़ की चाक मालूम पड़ती है जिस पर घूम कर पाठक की रूह भी संवर जाती है। उनकी उर्दू ग़ज़ल के कुछ शेर मुलाहिज़ा हों -

कहते हैं जिस को 'इश्क़ हमारा ही नाम है
शोर-ओ-फ़ुग़ाँ की अपने यहाँ धूम-धाम है

गर फूँक दूँ जहाँ को तो कुछ अ'जब नहीं
मैं आग का भबूका हूँ मेरा ये काम है

होश-ओ-ख़िरद से हम को सरोकार कुछ नहीं
उन दोनों साहिबों को हमारा सलाम है

मंज़िल हमारी पाते हैं कब शैख़-ओ-बरहमन
इस्लाम-ओ-कुफ़्र से परे अपना मक़ाम है

दीवान के तीसरे भाग में हिन्दवी कलाम शामिल हैं।हज़रत शाह नियाज़ ने हिन्दवी में होरी, बसंत, फाग आदि की रचना की है। आप का हिन्दवी कलाम देश भर के क़व्वाल पढ़ते हैं। हज़रत का एक बसंत देखें -

ख़्वाजा मोइनुद्दीन के घर आज धाती है बसंत
क्या बन बना और सज सजा मुजरे को आती है बसंत

फूलों के गड़वे हाथ लिए गाना-बजाना साथ ले
जोबन की मध में मस्त हो हो राग गाती है बसंत

छतियाँ उमंग से भर रहीं नैनाँ से नैनाँ लड़ रहीं
किस तर्ज़-ए-मा'शूक़ाना है जल्वे दिखाती है बसंत

ले संग सखियाँ गुल-बदन रंग बसंती का बरन
क्या ही ख़ुशी और ऐ'श का सामान लाती है बसंत

नाज़-ओ-अदा से झूमना ख़्वाजा की चौखट चूमना
देखो 'नियाज़' इस रंग में कैसी सुहाती है बसंत

हज़रत शाह नियाज़ के समकालीन शायरों में मज़हर जान-ए-जानाँ, ख़्वाजा मीर दर्द, सौदा, मीर, हातिम और क़ायम आदि हैं।

हज़रत शाह नियाज़ अहमद बरेलवी वहदत उल वुजूद को मानने वाले थे। हमा उस्त (सब कुछ वही है) के मानी वही हैं जो सर्वम् खलु इदं ब्रह्म (यह सब ब्रह्म है) के हैं। इसी हमा उस्त से सूफ़ियों का हमा दोस्त का सिद्धांत निकला है यानी सब दोस्त ही दोस्त हैं। सूफ़ी इसे तस्फ़िया-ए-दिल यानी दिल को साफ़ करना कहते हैं। ख़ुदी को पाक साफ़ कर इसी रास्ते पर सूफ़ी मर्द-ए-कामिल बनता है। वास्तव में ख़ुदी का मिटना ही भीतर ख़ुदा का जागना है।

मुस्हफ़ी ग़ुलाम हमदानी, हज़रत शाह नियाज़ अहमद बरेलवी के मुरीद थे। मुस्हफ़ी ने ही पहली बार रेख़्ता को उर्दू कहा था। इस से पहले इस ज़बान को हिन्दवी या रेख़्ता कहा जाता था।

अगर सही मायनों में शोध किया जाए तो हिन्दवी की पूरी विकास यात्रा में सूफ़ी-संतों ने सब से महत्वपूर्ण भूमिका निभाई है। हज़रत अमीर ख़ुसरौ के बाद जब यह ज़बान दकन पहुँचती है तब वहाँ के पहले शायर ख़्वाजा बंदानवाज़ गेसूदराज़ हैं। वहाँ से जब यह ज़बान गुजरात की और बढती है और गूजरी कहलाती है तो उस ज़बान के भी पहले शायर अहमद खट्टू - सूफ़ी हैं। इस प्रकार हम देखते हैं कि हिन्दवी के विकास में सूफ़ी संतों का योगदान सब से अधिक रहा है। हमारा दृढ विश्वास है कि सूफ़ी-संतों के साहित्य का अध्ययन किए बिना हिन्दी और उर्दू, दोनों भाषाओं का इतिहास अधूरा है।

हज़रत शाह नियाज़ अहमद बरेलवी का विसाल 9 अक्टूबर सन् 1834 ई. में हुआ। उनकी दरगाह बरेली में ही स्थित है जहाँ हर साल उर्स मनाया जाता है। उन के उर्स में हर मज़हब के हज़ारों लोग सम्मिलित होते हैं।

हज़रत शाह नियाज़ अहमद बरेलवी के देहांत के बाद उनके बड़े बेटे हजरत शाह निज़ामुद्दीन हुसैन ख़ानक़ाह-ए-नियाज़िया के सज्जादानशीन बने। उनके कई अन्य ख़लीफ़ा थे, जिनमें से कुछ प्रमुख हैं- सैयद मुहम्मद सानी (बदख़्शाँ), मौलवी अब्दुल लतीफ़ (समरक़ंद), मौलवी नेमतुल्लाह (काबुल), मौलवी यार मुहम्मद (काबुल), मुल्ला जान मुहम्मद (काबुल), मौलाना वाज़ मुहम्मद(बदख़्शां), मौलवी मुहम्मद हुसैन(मक्का) और मिर्ज़ा असदुल्लाह बेग(बरेली) आदि।

ख़ानक़ाह-ए-नियाज़िया हिंदुस्तानी शास्त्रीय संगीत का एक प्रमुख केंद्र रही है और कई दिग्गज संगीतकार जैसे - शंभू महाराज, बिरजू महाराज, नैना देवी आदि इस खानकाह से जुड़े रहे हैं।

ध्रूपद के डागर घराने में उस्ताद बन्दे अ'ली ख़ान साहब भी इसी ख़ानक़ाह से मुरीद थे।आप के पिता का नाम उस्ताद ग़ुलाम ज़ाकिर था और आप ने अपने पिता से संगीत की विधिवत शिक्षा पाई थी। आप ने गायन छोड़ कर वीणा वादन को चुना और मिसाल बन गए।

ख़ानक़ाह-ए-नियाज़िया में बै'अत होकर आप भी सूफ़ी ही बन गए। आप में सूफ़ियों की तरह ही एक सरल प्रकृति थी और मनमौजी थे।आप राजा, रईस, नवाब किसी की परवाह नहीं करते थे और अपने आत्मसम्मान को सर्वोपरि रखते थे। कहा जाता है कि किसी दरबार में एक बार वीणा बजाते बजाते आप बाहर निकाल गए और रोके न रुके।

एक बार हैदराबाद के नवाब महबूब अली ख़ान के महल में इनका वीणा वादन रखा गया। जब बन्दे अली ख़ान साहब वहां पहुंचे तो

निज़ाम ने पूछा - क्या आप ही बन्दे अली हैं ? आप ने जवाब दिया - जी ! आप बन्दगान-ए-अली हैं और मैं बन्दे अली हूँ। उस के बाद जब आप ने वीणा बजाई तो सब मंत्रमुग्ध रह गए। बजाते बजाते एक बार आप को खाँसी आई और आप ने सामने रखे सोने के उगलदान में थूक दिया। जब संगीत गोष्टी समाप्त हुई तो निज़ाम ने उस उगलदान को साथ भेज दिया। आप ने जब यह सुना तो फ़रमाया - जिस में मैं थूक चुका हूँ उस की मुझे क्या ज़रुरत?

कहते हैं कि एक बार आप का वीणा वादन सुन किसी राजा ने आप को एक सोने की ईंट भेंट की। बाद में रास्ते में ही आप ने उसे भी लुटा दिया। आप की कुल संपत्ति लोटा, बिस्तर और वीणा हुआ करती थी।

पुणे में पार्वती पुल के पास उनकी मज़ार है जिस का दर्शन करने देश भर के संगीत प्रेमी जाया करते हैं।

शास्त्रीय संगीत के सहसवान घराने के भी ज़्यादातर संगीतकार इसी ख़ानक़ाह के मुरीद हैं।

हज़रत शाह नियाज़ अहमद बरेलवी का कलाम अब तक हिन्दी में प्रकशित नहीं हुआ। हम पहली बार हज़रत के उर्दू, फ़ारसी और हिन्दवी कलाम का इंतिख़ाब प्रकाशित कर रहे हैं। उम्मीद है सुधी पाठकों को हमारी यह पेशकश पसंद आएगी।

-सुमन मिश्र

क्रम सूची

कलाम

ग़ज़लें

फ़ारसी कलाम

कलाम

इश्क़ में तेरे कोह-ए-ग़म[1] सर पे लिया जो हो सो हो
ऐ'श-ओ-निशात-ए-ज़िंदगी[2] छोड़ दिया जो हो सो हो

1 दु:ख का पहाड़ 2 जीवन का विलास

पूछो न मुझ ख़राब से यारो सलाह-कार तुम
अपने तो अब नहीं रहे होश-बजा[1] जो हो सो हो

1 अपनी जगह पर

मुझ से मरीज़ को तबीब[1] हाथ तू अपना मत लगा
इस को ख़ुदा पे छोड़ दे बहर-ए-ख़ुदा[2] जो हो सो हो

1 चिकित्सक 2 ईश्वर के लिए

अक़्ल के मद्रसा से उठ इश्क़ के मय-कदा में आ
जाम-ए-फ़ना-ओ-बे-ख़ुदी[1] अब तो पिया जो हो सो हो

1 अस्तित्व की समाप्ति व अचैतन्य का प्याला

हिज्र की जो मुसीबतें अर्ज़ कीं उस के रू-ब-रू
नाज़-ओ-अदा[1] से मुस्कुरा कहने लगा जो हो सो हो

1 नख़रे

दुनिया के नेक-ओ-बद से काम हम को 'नियाज़' कुछ नहीं
आप से जो गुज़र गया फिर उसे क्या जो हो सो हो

❃

काफ़िर-ए-इश्क़ हूँ मैं बन्दा-ए-इस्लाम नहीं
बुत-परस्ती के सिवा और मुझे काम नहीं

इश्क़ में पूजता हूँ क़िब्ला-ओ-काबा[1] अपना
एक पल दिल को मिरे उस के बिन आराम नहीं

1 पूज्य

ढूँढता है तू किधर यार को मेरे ऐ माह
मंज़िलश दर दिल-ए-मा हस्त[1] लब-ए-बाम[2] नही

1 उसकी मंज़िल हमारे दिल में है 2-छत का किनारा

फाँसने को दिल-ए-उश्शाक़ के उल्फ़त बस है
घेर लेने को ये तस्ख़ीर[1] कम-अज़-दाम[2] नहीं

1 कब्ज़ा करना 2 फन्दे से कम

हाय-रे-हाय चली जाती है ये फ़स्ल-ए-बहार
क्या करूँ बस नहीं अपना वो सनम राम नहीं

रात-दिन ग़म से तिरे हिजर के लड़ता है 'नियाज़'
ये दिल-आज़ारी मिरी जान भला काम नहीं

ख़ानक़ाह-ए-चिश्त में जिस ने क़दम पहला रखा
दूसरा उस का क़दम फिर अर्श-ए-बाला[1] पर हुआ

1 ईश्वर का सिंहासन

क़ाब-ए-क़ौसैन[1] उस के आगे एक अदना[2] है मक़ाम
वाँ पहुँच कर कुछ न पूछो क्या से क्या वो हो गया

1 दो कमान का फ़ासला 2 छोटा-सा

नक़्श-ए-हस्ती[1] मिट गया नाम-ओ-निशाँ सब उड़ गया
साफ़ मतला[2] हो गया जो था यहाँ वाँ कुछ न था

1 अस्तित्व का चिन्ह 2 क्षितिज

सख़्त मुश्किल है दिला फिर उस का आना इस तरफ़
वर्ना उन मुर्दों में है, जिन को मसीहा ने जिला

क्या ही जी को भाई हैं बातें ये तेरी ऐ 'नियाज़'
क़ौल-ए-हक़[1] तो हम समझते हैं मियाँ तेरा कहा

1 सत्य वचन

❁

यार को हम ने जा-ब-जा देखा
कहीं ज़ाहिर कहीं छुपा देखा

कहीं मुमकिन हुआ कहीं वाजिब
कहीं फ़ानी[1] कहीं बक़ा[2] देखा

1 नश्वर 2 अनश्वरता

दीद[1] अपने की थी उसे ख़्वाहिश
आप को हर तरह बना देखा

1 दर्शन

सूरत-ए-गुल[1] में खिल-खिला के हँसा
शक्ल-ए-बुलबुल में चहचहा देखा

1 फूल का रूप

शम्अ हो कर के और परवाना
आप को आप में जला देखा

कहीं आशिक़ 'नियाज़' की सूरत
सीना-ए-बिरयाँ-ओ-दिल-जला[1] देखा

1 ग़मज़दा और दिल जला

हम को याँ दर-दर फिराया यार ने
ला-मकाँ[1] में घर बनाया यार ने

1 जिसका कोई स्थान न हो

आप अपने देखने के वास्ते
हम को आईना बनाया यार ने

अपने इक अदना[1] तमाशे के लिए
हम को सूली पर चढ़ाया यार ने

1 साधारण

आप छुप के हम को कर के रू-ब-रू
ख़ूब ही रुस्वा कराया यार ने

आप तो बुत बन के की जल्वागरी[1]
और हमें काफ़िर बनाया यार ने

1 लीला

❁

अफ़्साना मेरे दर्द का उस यार से कह दो
फ़ुर्क़त[1] की मुसीबत को दिल-ए-आज़ार[2] से कह दो

1 वियोग 2दिल दुखाने वाला

एक तू ही नहीं मैं भी हूँ उन आँखों का मारा
ऐ अहल-ए-नज़र[1] नर्गिस-ए-बीमार[2] से कह दो

1 आँख वाले 2 नरगिस के फूल सी आँखों वाली प्रेमिका

मैं इश्क़ की मिल्लत[1] में हूँ ऐ शैख़-ओ-बरहमन[2]
जा इश्क़ मेरे सुब्हा-ओ-ज़ुन्नार[3] से कह दो

1 धर्म 2 मुस्लिम धार्मिक प्रमुख और बरहमन 3 तस्बीह और जनेऊ

क्या जोश में है अब मय-ए-वहदत[1] ख़ुम-ए-दिल[2] में
उबली है पड़ी 'रूमी'-ओ-'अत्तार'[3] से कह दो

1 अद्वैतवाद की शराब 2 दिल का मटका 3 फ़ारसी के दो प्रसिद्ध कवि

मुश्किल जो 'नियाज़' आई तुम्हें फ़क्र में दर-पेश
जा शाह-ए-नजफ़[1] हैदर-ए-कर्रार[2] से कह दो

1 नजफ़ के बादशाह हज़रत अली 2 हज़रत अली की उपाधि

मुझे बे-ख़ुदी ये तू ने भली चाशनी चखाई
किसी आरज़ू की दिल में नहीं अब रही समाई

न मक़ाम-ए-गुफ़्तुगू[1] है न महल्ल-ए-जुस्तुजू[2] है
न वहाँ हवास[3] पहुँचें न ख़िरद[4] को है रसाई

1 बात चीत करने की जगह 2 तलाश करने का समय3 ज्ञानेन्द्रियाँ 4-बुद्धि

न मकीं[1] है ने मकाँ है न ज़मीं है ने ज़माँ है
दिल-ए-बे-नवा[2] ने मेरे जहाँ छावनी है छाई

1 घर में रहने वाले 2 बेबस दिल

न विसाल[1] है न हिज्राँ[2] न सुरूर है न ग़म है
जिसे कहिए ख़्वाब-ए-ग़फ़लत[3] सो वो नींद हम को आई

1 मिलन2 वियोग 3 बेख़बरी की नींद

मन-ओ-तू[1] उठे जहाँ हों हवसें वहाँ कहाँ हों
जो दुई[2] के थी लवाज़िम[3] सो रिहाई उन से पाई

1 मैं और तुम 2 दो समझना 3 सम्बन्धित वस्तुएँ

यहाँ मैं रहा हूँ जब तो सुख़न-ए-'नियाज़'[1] बोलूँ
सुनोगे ज़बान-ए-ने[2] से वही जो कहेगा नाई[3]

1 नियाज़ की बातचीत 2 बांसुरी की ज़बान 3 मृत्यु की सूचना देने वाला

मा'मूर[1] हो रहा है आ'लम में नूर तेरा
अज़ माह-ता-ब-माही[2] सब है ज़ुहूर[3] तेरा
1 आबाद, 2 चाँद से लेकर मछली तक 3उपस्थिति

असरार-ए-अहमदी[1] से आगाह हो सो जाने
तू नूर-ए-हर-शरर[2] है हर संग-ए-तूर[3] तेरा
1 पैगंबर मोहम्मद के रहस्य 2 हर चिंगारी की रौशनी 3 तूर पहाड़

जब जी में ये समाई जो कुछ कि है सो तू है
फिर दिल से दूर कब हो क़ुर्ब-ओ-हुज़ूर[1] तेरा
1 समीपता और निकटता

भाता नहीं है वाइ'ज़[1] जुज़-दीद-ए-हक़[2] मुझे कुछ
तुझ को रहे मुबारक हूर-ओ-क़ुसूर[3] तेरा
1 उपदेशक 2 ख़ुदा के जल्वे के सिवा3 अप्सरा और महल

वहदत के हैं ही जल्वे नक़्श-ओ-निगार-ए-कसरत[1]
गर सिर्र-ए-मा'रिफ़त[2] को पावे शु'ऊर[3] तेरा
1-संसार के बेल बूटे 2 ईश्वर ज्ञान 3 समझ

गर हर्फ़-ए-बेनियाज़ी[1] सरज़द[2] 'नियाज़' से हो
पुतले में ख़ाक के है प्यारे ग़ुरूर तेरा
1-उपेक्षा की बात 2घटित होना

❁

मद्रसे में आशिक़ों के जिस की बिस्मिल्लाह[1] हो
उस का पहला ही सबक़ यारो फ़ना फ़िल्लाह[2] हो

1आरंभ 2 ब्रह्मलीन होना

दूसरा फिर हो सबक़ इल्मुल-फ़ना[1] का इन्तिफ़ा[2]
यानी उस अपनी फ़ना से कुछ न वो आगाह हो

1 अस्तित्व समाप्ति का ज्ञान2 इन्कार

तीसरा उस का सबक़ है फिर के आना इस तरफ़
अब बक़ा बिल्लाह[1] हासिल उस को ख़ातिर-ख़्वाह[2] हो

1 अनश्वरता प्राप्त करना 2 मनचाहा

हज़रत-ए-इश्क़ आप होवें गर मुदर्रिस[1] चंद रोज़[2]
फिर तो इल्म-ए-फक्र[3] की तहसील[4] ख़ातिर-ख़्वाह[5] हो

1 शिक्षक 2 कुछ दिन 3 दरिद्रता का ज्ञान 4 हासिल करना 5 मनचाहा

इक तवज्जोह आप की वाफ़ी-ओ-काफ़ी[1] है हमें
कैसा ही क़िस्सा हो तूलानी[2] तो वो कोताह[3] हो

1 बहुत 2 दीर्घ 3 छोटा

ऐ 'नियाज़' अपने तो जो कुछ हो तुम्हीं हो बस फ़क़त[1]
हज़रत-ए- 'इश्क़[2] आप हो और आप दामल्लाह[3] हो

1 केवल 2 श्रीमान इश्क़ 3 अल्लाह आपको सलामत रखे

❁

छोड़ो मुझे बे-ख़ुद[1] मेरा आराम यही है
बेनाम-ओ-निशाँ रहने दो बस नाम यही है

1 बे-सुध

ले सर से क़दम तक हूँ जला शम्अ'[1] की मानिंद[2]
शायद कि मियाँ 'इश्क़ का अंजाम यही है

1 चराग़ 2 जैसा

काफ़िर हूँ जो मैं अपने तईं[1] जानूँ कि मैं हूँ
जो कुछ है सो तू है मिरा इस्लाम यही है

1 लिए

सूझे नहीं दिन-रात तिरे ध्यान में प्यारे
अपनी तो सहर[1] है यही और शाम यही है

1 सुब्ह

कहते हैं 'नियाज़' आप को इस शक्ल-ए-मिरी में
ये सच है कि तू पाक पे याँ नाम यही है

नीस्ती[1] हस्ती है यारो और हस्ती कुछ नहीं
बे-ख़ुदी मस्ती है यारो और मस्ती कुछ नहीं

1-अस्तित्वहीन होना

ला-मकाँ[1] की मंज़िलत[2] पाता है कब कौन-ओ-मकाँ[3]
हो के वीराने के आगे हैगी बस्ती कुछ नहीं

1 वह जो मकान से परे हो 2 पद 3 दोनों जगत

कुछ नहीं सब कुछ है यारो और सब कुछ कुछ नहीं
तुफ़[1] है उस हस्ती पे ऐ हमदम ये हस्ती कुछ नहीं

1 तिरस्कार

कुछ नहीं है वो जिसे कहते हैं पस्ती ऐ मियाँ
फ़क़्र[1] में पस्ती यही हो और पस्ती कुछ नहीं

1 दरिद्रता

बन्दगी[1] और हक़्क़-परस्ती[2] कुछ न होना है 'नियाज़'
कुछ न होने के सिवा और हक़्क़-परस्ती कुछ नहीं

1 आराधना 2 ईश्वर की पूजा

❁

ऐ दिल कहीं न जाइयो ज़िन्हार[1] देखना
अपने ही बीच यार का दीदार देखना

1- कदापि

ख़ूबान-ए-इस-जहाँ[1] का तमाशा जो तू करे
आईना-दार[2] तलअत-ए-दिलदार[3] देखना

1 ‘इस संसार के सुन्दर लोग 2-दर्पण 3 माशूक का रूप

नैरंगियों[1] से यार की हैराँ न होजियो[2]
हर रंग में उसी को नुमूदार[3] देखना

1 चालबाज़ी 2 होना 3 प्रकट

ऐ दिल क़िमार-ए- 'इश्क़[1] में टुक खेलयो सँभल
बाज़ी न दीजो हार मिरे यार देखना

1 ‘इश्क़ का जुआ

गर नक़्द-ए-जाँ [1]तलब करे वो शोख़[2] दिलरुबा
इंकार वाँ न कीजियो ज़िन्हार देखना

1 प्राणधन 2 चंचल

हर्गिज़ दवा न कीजियो इस ग़म की ऐ 'नियाज़'
सब राहतों से ग़म को मज़ेदार देखना

तू ने अपना जल्वा दिखाने को जो नक़ाब मुँह से उठा दिया
वहीं हैरत-ए-बे-ख़ुदी[1] ने मुझे आईना सा दिखा दिया

1 बेख़ुदी का आश्चर्य

वह जो नक़्श-ए-पा[1] की तरह ही थी नुमूद[2] अपने वजूद की
सो कशिश से दामन-ए-नाज़ुकी[3] उसे भी ज़मीं से मिटा दिया

1 पदचिह्न 2 उगना 3 नाज़ुकी का दामन

कहाँ चैन ख़्वाब-ए-अदम[1] में था न था ज़ुल्फ़-ए-यार[2] का ख़याल
सो जगा के शोर ने मुझे इस बला में फँसा दिया

1 मौत की नींद 2 महबूब के बाल

ज़रा छुप निग़ाह-ए-रक़ीब[1] से पड़ी उस गली में थी मेरी ख़ाक
तू ने एक झोंके में ऐ सबा उसे भी वाँ से उड़ा दिया

1 प्रतिस्पर्धी की नज़र

जब ही जाके मकतब-ए- 'इश्क़[1] में सबक़-ए-मक़ाम-ए-फ़ना[2] लिया
जो लिखा पढ़ा था 'नियाज़' ने सो वह साफ़ दिल से भुला दिया

1 प्रेम-पाठशाला 2 मौत की मंज़िल का पाठ

❀

तुम्हारे इश्क़ में गर जान के देने से मैं अड़ता
कोई दिन जी के आख़िर मौत से मरना ही फिर पड़ता

कहाँ ये इश्क़ का मरना कहाँ वो मौत सर पड़ना
यहाँ अब रूह-ए-क़ुदसी[1] हों वहाँ ज़ेर-ए-ज़मीं[2] सड़ना
1 फ़रिश्ता 2 ज़मीन के नीचे

ज़ियारत-गाह-ए-'आलम[1] आज है यारो मज़ार[2] अपना
कहो हासिद[3] को तू भी साथ मेरे आ यहाँ गड़ना
1 संसार रूपी तीर्थस्थल 2 समाधि स्थल 3 ईर्ष्या करने वाला

अगर परवाना बुलबुल की तरह मरने से थम रहता
ये रोना शम्अ को उस के लिए ता-सुब्ह क्यूँ पड़ता

ये संगीनी-ओ-सुबकी[1] तेरी वा'इज़[2] सब पे खुल जाती
तराज़ू-ए-मोहब्बत में अगर आ-कर के तू तुड़ता
1 भारीपन और हल्कापन 2 धर्मोपदेशक

'नियाज़' आख़िर तिरा दिल तख़्त-ए-रब्बुल-'आलमीं[1] होता
ख़स-ओ-ख़ाशाक[2] ग़फ़लत से अगर ये ख़ूब सा झड़ता
1 ईश्वर का सिंहासन 2 घास-फूस

❀

सरज़मीन-ए-चिश्त[1] की आब-ओ-हवा कुछ और है
दीन-ओ-दुनिया से निराला और ही कुछ तौर है

1 ख़्वाजा मोईनुद्दीन चिश्ती की धरती(अजमेर)

फिर रहे हैं हर गली-कूचा में अज़-ख़ुद रफ़्तगाँ[1]
'इश्क़ की वाँ सल्तनत[2] है बे-ख़ुदी[3] का दौर है

1 बेसुध लोग 2 साम्राज्य 3 बे-ख़बरी,

कोई शुग़्ल-ए-नीस्ती[1] में नीस्त-ओ-नाबूद[2] है
कोई नज़्ज़ारा में हक़्क़ के इक तमाशा-ए-तौर है

1 अस्तित्वहीनता का कारोबार 2 नष्ट-भ्रष्ट

वो जो इक अर्से[1] में होता है मुयस्सर[2] और जाह
यावरी[3] से 'इश्क़ की हासिल यहाँ फ़िल-फ़ौर[4] है

1 अवधि 2 उपलब्ध 3 सहायता 4 शीघ्र

वो तो अल्मास-ए-नगीं[1] हैं या कि हैं दुर्र-ए-यमीं[2]
काँच की तू पोत है या रेज़ा-ए-बिल्लौर[3] है

1 मूल्यवान् रत्न का नगीना 2 क़ीमती मोती 3 शीशे के पत्थर का टुकड़ा

ग़ज़ल

मुल्क-ए-ख़ुदा[1] में यारो आबाद हैं तो हम हैं
ता'मीर-ए-दो-जहाँ[2] की बुनियाद हैं तो हम हैं

1 ईश्वर का देश 2 दोनों जगत की रचना

अपना ही देखते हो तुम बन्द-ओ-बस्त[1] यारो
गर दाद[1] हैं तो हम हैं फ़र्याद हैं तो हम हैं

1 व्यवस्था 2 इन्साफ़

ठहरा है इश्क़-बाज़ी दिन-रात खेल अपना
गर क़ैस[1] हैं तो हम हैं फ़रहाद[2] हैं तो हम हैं

1 लैला का नाम 2 शीरीं का प्रेमी

शादी-ओ-ग़म ये दोनों अपनी ही हालतें हैं
दिल-गीर[1] हैं तो हम हैं और शाद[2] हैं तो हम हैं

1 दु:खी 2 प्रसन्न

रू-ए-ज़मीं[1] के ऊपर मानिन्द-ए-गर्द-बादे[2]
गर ख़ाक हैं तो हम हैं और बाद[3] हैं तो हम हैं

1पृथ्वी 2 चक्रवात 3 वायु

ता'लीम[1] और तअल्लुम[2] सब है नियाज़ अपना
शागिर्द[3] हैं तो हम हैं उस्ताद हैं तो हम हैं

1 शिक्षा देना 2 शिक्षा प्राप्त करना 3 शिष्य

मैं वो कोई हूँ जिस का ख़ुदाई[1] में नाम है
कहते हैं जिस को हुस्न सो मुझ पर तमाम है

1 संसार

'आलम[1] में मेरी जल्वा-नुमाई[2] का हर तरफ़
ग़ौग़ा[3] है ग़ुल है शोर है और धूम-धाम है

1 संसार 2 महिमा 3 कोलाहल

ख़िल्क़त[1] के कान पुर हैं इसी ज़िक्र से हुए
हर हर ज़बान पर यही बात और कलाम है

1 जीव जंतु

जिस दिल में देखिए तो हमारी ही चाह है
जो आँख है सो तक रही हम को मुदाम[1] है

1 हमेशा

हर सर के बीच अपना ही सौदा है भर रहा
अपनी तड़प में रेशा-ओ-रग[1] हर कुदाम[2] है

1 प्रकृति 2 हर व्यक्ति

रक्खा है हम से हर कोई राज़-ओ-नियाज़[1] शैख़
पर एक 'नियाज़' अपना मुदारुल-महाम[2] है

1 गुप्त बात 2 महत्वपूर्ण मामलों का केंद्र

ऐ दिल जनाब-ए-क़ुद्स[1] में तू कब रसा[2] हुआ
दुनिया की है ईंधन में अभी तू फँसा हुआ

1 पवित्र चौखट 2 पहुँचनेवाला

गुंजाइश-ए-ख़याल-ए-तिलिस्म-ए-जहाँ[1] कहाँ
आँखों में जिस के जल्वा-ए-हक़[2] है बसा हुआ

1 जादुई संसार की कल्पना की सम्भावना 2 ईश्वर का जल्वा

ख़तरे को हुब्ब-ए-जाह[1] के दिल से निकालिए
ये बे-तरह का चोर है घर में धँसा हुआ

1 पद प्रेम

मे'यार-ए-'इश्क़[1] पर ज़र-ए-हिम्मत[2] लगा के देख
पक्का जो है तिला है कसौटी कसा हुआ

1 'इश्क़ की कसौटी 2 इरादे का सोना

घर को तू अपने हस्ती के वीरान कर 'नियाज़'
हस्ती से हक़ के फिर वो रहेगा बसा हुआ

❀

अगरचे मैं सैर-ए-बुताँ[1] देखता हूँ
वले[2] जल्वा-ए-हक़[3] 'अयाँ[4] देखता हूँ

1 प्रेमी की चाल ढाल 2 लेकिन 3 ईश्वर प्रकाश 4 प्रकट

बने जिस तरह हक़-परस्ती हूँ करता
मगर ख़ुद-परस्ती ज़ियाँ देखता हूँ

जो रब्बुल-हरम[1] है सनम भी वही है
हरम[2] दैर[3] मैं एक साँ देखता हूँ

1 का'बे का ईश्वर 2 का'बा 3 मंदिर

इसे बिरहमन और उसे शैख़ मानें
ये आपस का झगड़ा यहाँ देखता हूँ

अज़ल[1] से अबद[2] तक जो कसरत है पैदा
सो वहदत[3] का दरबार वाँ देखता हूँ

1 अनादिकाल 2 अनन्त 3 एकेश्वरवाद

'नियाज़' अब कहूँ किस से राज़-ए-हक़ीक़त[1]
ये 'आलम[2] सरापा गुमाँ[3] देखता हूँ

1 सत्य का भेद 2 संसार 3 भ्रम

इश्क़ में आ अजब मज़ा देखा
ख़्वेश-ओ-बेगाना[1] आश्ना[2] देखा

1 अपने और पराए 2 परिचित

देखता आप है सुने है आप
न कोई उस के मा-सिवा[1] देखा

1 ईश्वर के अतिरिक्त

सूरत-ए-गुल[1] में खिलखिला के हँसा
शक्ल-ए-बुलबुल[2] में चह-चहा देखा

1 फूल की शक्ल 2 बुलबुल की शक्ल में

शम्अ हो कर के और परवाना
आप को आप में जला देखा

कर के दा'वा कहीं अनल-हक़[1] का
बर सर-ए-दार[2] वह खिंचा देखा

1 मैं सत्य हूँ 2 सूली पर

था वह बरतर[1] शुमा-ओ-मा[2] से 'नियाज़'
फिर वही अब शुमा-ओ-मा देखा

1 श्रेष्ठतर 2 हम और तुम

चादर से मौज के न छुपे चेहरा आब का
बुर्क़ा[1] हबाब[2] का न हो बुर्क़ा हबाब का

1 नक़ाब 2 पानी का बुलबुला

अपना ही कुछ तसर्रुफ़-ए-औहाम[1] है कि हम
चेहरा पे हक़[2] के पाते हैं पर्दा नक़ाब का

1 धोके का अधिकार 2 सत्य

आँखें मुँदी हुई हों तो फिर दिन भी रात है
इस में क़ुसूर क्या है भला आफ़्ताब[1] का

1 सूरज

किस काम ये हस्ती-ए-मौहूम-ए-काइनात[1]
सहर अब कब करे तुझे धोका शराब का

1 संसार का काल्पनिक अस्तित्व

अपना हिजाब[1] आप है तू ऐ 'मियाँ-नियाज़'
उठने में तेरे होता है उठना हिजाब का

1 पर्दा

कहते हैं जिस को 'इश्क़ हमारा ही नाम है
शोर-ओ-फ़ुग़ाँ[1] की अपने यहाँ धूम-धाम है

1 शोर और फ़रियाद

गर फूँक दूँ जहाँ को तो कुछ अजब नहीं
मैं आग का भबूका हूँ मेरा ये काम है

होश-ओ-ख़िरद[1] से हम को सरोकार कुछ नहीं
उन दोनों साहिबों को हमारा सलाम है

1 अक़्ल और होश

मंज़िल हमारी पाते हैं कब शैख़-ओ-बरहमन
इस्लाम-ओ-कुफ़्र से परे अपना मक़ाम है

दैर-ओ-हरम[1] में और कलीसा कुनिश्त[2] में
भरता हमारे नाम का दम हर-कुदाम[3] है

1 मंदिर-ओ-काबा 2 गिरजाघर 3 हर एक व्यक्ति

पर इक 'नियाज़' अपने से हम-राज़ है कि वो
शाह-ए-नजफ़[1] अमीर-ए-अरब[2] का ग़ुलाम है

1 नजफ़ के बादशाह अर्थात हज़रत अली 2 हज़रत अली का उपाधि

गर कौन-ओ-मकाँ[1] मज़्हर-ए-नैरंग[2] न होता
हर आन में उस का ये नया ढंग न होता

1 दोनों जगत 2 माया का अखाड़ा

होता न अगर उस के तमाशे में तहय्युर[1]
हैरत से मैं आईना-नमत[2] दंग न होता

1 अचम्भा 2 आईना के सामान

गर शान पयम्बर[1] की अबु-जेहल[2] पे खुलती
इस्लाम के लाने में उसे नंग न होता

1 ईश्वर दूत 2 पैग़म्बर मोहम्मद के चचा का नाम

असरार-ए-हक़ीक़त[1] के ख़रीदार जो होते
हफ़्ताद-ओ-दो-मिल्लत[2] में कभी जंग न होता

1 सत्य का रहस्य 2 इस्लाम धर्म के 72 सम्प्रदाय

इम्कान से बाहर है तेरे कुम्बा का पाया
वर्ना दिल-ए-आगाह[1] मेरा तंग न होता

1 सचेत मन

गर पर्दा-ए-ग़फ़्लत[1] को तू हम से न उठाता
ऐ इश्क़-ए-'नियाज़' आगे तेरे संग न होता

1 अचेतना का पर्दा

आ'शिक़-ए-ज़ार[1] हूँ मैं तालिब-ए-आराम[2] नहीं
नंग-ओ-नामूस3 से कुछ अपने तईं[4] काम नहीं

1 पीड़ित आशिक़ 2 आराम का इच्छुक 3 लज्जाऔर मर्यादा 4 लिए

बुल-हवस[1] पाँव न रखियो कभी इस राह के बीच
कूचा-ए-'इश्क़2 है ये रहगुज़र-ए-आ'म[3] नहीं

1 लोभी 2 'इश्क़ की गली 3 साधारण रास्ता

बे-निहायत है कि पाया नहीं जिस का पायाँ
जिस जगह पहुँचिए आग़ाज़ है अंजाम नहीं

आलम-ए-इश्क़[1] की दुनिया ही निराली देखी
सहर-ओ-शाम[2] वहाँ ये सहर-ओ-शाम नहीं

1 'इश्क़ का हाल 2 सुब्ह और शाम

ज़ाहिदा[1] हाल मिरा देख के हैराँ क्यूँ है
मशरब-ए-कुफ़्र[2] है ये मिल्लत-ए-इस्लाम3 नहीं

1 संयमी 2 नास्तिक का धर्म 3 इस्लाम धर्म

'आर[1] क्या है तुझे दुनिया की मलामत[2] से 'नियाज़'
'आशिक़ों में तू अकेला ही तो बदनाम नहीं

1 लज्जा 2 निंदा

ग़म-ए-जुदाई को हम जानें या ख़ुदा जाने
बला-कशों[1] पे जो गुज़री तिरी बला जाने

1 तकलीफ़ें उठाने वाले

मरीज़-ए-'इश्क़[1] का दरमाँ 'अबस[2] करे है तू
दवा हमारी अरस्तू भला तू क्या जाने

1 'इश्क़ का मरीज़ 2 बेकार

सबा अगरचे शगुफ़्ता[1] करे हज़ारों गुल
इस एक ग़ुंचा-ए-दिल[2] को वो कब खुला जाने

1 खिला हुआ 2 दिल की कली

उठा रही है जफ़ा तेरी अपने दर से मुझे
मैं उठ तो जाऊँ अगर वे मिरी वफ़ा जाने

किसी ने आँखों से देखा है बिन हबाब[1] कोई
कि अपना आप पलक मारते मिटा जाने

1 पानी का बुलबुला

'नियाज़' मंज़िल-ए-मक़्सूद[1] को वही पहुँचे
जो कोई शाह-ए-नजफ़[2] अपना रहनुमा जाने

1 गंतव्य 2 नजफ़ के सरदार हज़रत 'अली

तुम्हारे दौर में हम ने साक़ी अजब ही दौर-ए-शराब[1] देखा
इधर तो वाइ'ज़[2] गिरा पड़ा था उधर को ज़ाहिद[4] ख़राब देखा

1 शराब का दौर 2 धर्मोपदेशक 3 संयमी व्यक्ति।

जो एक झपकी में जुज़ से कुल हो और एक क़तरा से हुए दरिया
तमाम आ'लम[1] में तू ने हमदम कोई भी मिस्ल-ए-हबाब[2] देखा

1 विश्व 2 पानी का बुलबुला

वो मस्त मय-ख़्वार[1] इधर को आया मगर ये लालच ही उस को लाया
कि मेरे ख़ूँ को शराब-ए-गुल-गूँ[2] दिल-ओ-जिगर[3] को कबाब देखा

1 शराबी 2 लाल रंग की शराब 3 दिलऔर कलेजा

तुम्हारे मुखड़े को नीचे ज़ुल्फ़ों के देख कर क्या मिसाल कहिए
बरा-ए-गुफ़्तन[1] मगर ये कहिए कि मेहर[2] ज़ेर-ए-सहाब[3] देखा

1 कहने के लिए 2 सूर्य3 बादल के नीचे

नहीं है धोका कुछ इस में ऐ दिल कि है ये धोका तिलिस्म-ए-आ'लम[1]
जो कुछ सुना था सो है फ़साना जो कुछ कि देखा सो ख़्वाब देखा

1 मायावी दुनिया

'नियाज़' ऐसा वली-ए-बर-हक़[1] कि पीर-ए-मुर्शिद[2] हो औलिया[3] का
बता तो उम्मत[4] में इस नबी[5] की कोई भी बिन बू-तुराब[6] देखा

1 अल्लाह का नेक बंदा 2 अध्यात्मिक गुरु 3 वलियों 4 से पैग़ंबर मुहम्मद के अनुयायी 5 ईशदूत 6 हज़रत अली की उपाधि

वो यार है मेरा अरे ओ देखने वालो
देखा न हो गर तुम ने ख़ुदा देख लो यारो

उस नक़्शा की तस्वीर बनी है न बनेगी
किस हाथ के हो तुम बने ओ नक़्श-निगारो[1]

1 बेल-बूटे

है शाहिद-ए-गुल[1] जल्वा-नुमा[2] तख़्त-ए-चमन[3] पर
ऐ बुलबुलो सब मिल के चलो जी को निसारो[4]

1 बाग़बाँ 2 जल्वा दिखाने वाला 3 बगीचे का सिंहासन 4 न्योछावर करना

ऐ चश्म-ओ-जिगर[1] मिल के ब-हम[2] सीना-ओ-दिल साथ
धरना दो उस यार के दरवाज़े पे चारो

1 आँख और कलेजा 2 एक साथ

किस दिल की इमारत हुई है आज ये मिस्मार[1]
आते हो कहाँ से उठे ओ गर्द-ओ-ग़ुबारो[2]

1 ध्वस्त 2 धूलऔर मिट्टी

कहता है 'नियाज़' और ग़ज़ल ऐसी ही सुनियो
कानों को इधर रख के ज़रा हुस्न-शि'आरो[1]

1 हुस्न वालो

❁

मेरी आँखों में अगर ऐसी ही तेरी नित[1] को जल्वा-गरी[2] रही
तो हमेशा कोह[3] में अपने आप से यूँहीं बे-ख़बरी[4] रही

1 हर रोज़ 2 उपस्थिति 3 पर्वत 4 अभिज्ञता

अरे आह तेरे निहाल[1] से कभी कुछ न बर्ग-ओ-समर[2] मिला
न फले न फूले कभी यूँ ही तू हमेशा बे-समरी[3] रही

1ताज़ा पौधा 2 फूल और फल 3 बिना फल का

जो ये जोश सैल-ए-सरिश्क[1] का कोई रोज़ ऐसा बना रहा
न बदन में नाम को नम मिले न दिखाई देगी तिरी रही

1आँसुओं का सैलाब

अभी डस के नागनी ज़ुल्फ़ की मुझे हाय कैसी मुकर गई
मिरी मर्ग[1] आँखों के सर लगा देखो आप कैसी बरी रही

1 मृत्यु

चली बाद-ए-गर्म[1] फ़िराक़[2] से जला सब वुजूद 'नियाज़' का
मगर एक शाख़-ए-निहाल-ए-ग़म[3] जिसे दिल कहें सो हरी रही

1 गर्म हवा 2 वियोग 3 ग़म का पौधा

❀

ये तेरी जल्वा-गरियाँ[1] आँखों में छा रही हैं
प्यारे अदाएँ तेरी दिल में समा रही हैं

1 उपस्थिति

ग़म्ज़ा[1] के लश्करों को अपना ही तनतना[2] है
सज-धज जो देखो अपनी नौबत[3] बजा रही हैं

1 आँख और भौं का इशारा 2 इतराना 3 नगाड़ा

मेहराब-ए-सज्दा[1] कहिए या तेग़[2] इन भवों को
लाखों ही सर जो आगे अपने झुका रही हैं

1 सज्दा की मेहराब 2 तलवार

एजाज़[1] कर रही हैं नाज़-ओ-अदाऐं[2] तेरी
वो क़त्ल कर रही हैं और ये जिला रही हैं

1 चमत्कार 2 नख़रे

भाता नहीं है कोई तुझ बिन 'नियाज़' को अब
तेरी ही प्यारी बातें उस को तो भा रही हैं

क्यूँकर 'नियाज़' माने औरों की ख़ुश-कलामी[1]
उस को तो प्यारी बातें प्यारे की भा रही हैं

1 मधुर बोल

इश्क़ सताता है क्यूँ आ मुझे हर-आन[1] तू
मेरे तो आराम का ले गया सामान तू

1 हमेशा

सब्र-ओ-क़रार शकेब ताब-ओ-तवाँ अक़्ल-ओ-दीं[1]
सब ने तो ली अपनी राह रह गई इक जान तू

1 धैर्य और शांति

देखा नहीं है हुनूज़[1] चेहरा-ए-दिलदार[2] को
किस को तके है भला दीदा-ए-हैरान[3] तू

1 अभी तक 2 प्रेमी का चेहरा 3 अचंभित निगाह

ग़म ने तो हमदम बिगाड़ दी मिरी सब हैसियत
मानूँ तुझे मैं अगर ले मुझे पहचान तू

पूछे है हर एक से किस का है आ'शिक़ 'नियाज़'
तुझ को नहीं है ख़बर ऐसा है अंजान तू

❀

जिधर देखता हूँ जहाँ देखता हूँ
ख़ुदा ही का जल्वा अयाँ[1] देखता हूँ

1 प्रकट

न तन देखता हूँ न जाँ देखता हूँ
तुझी को अयाँ और निहाँ[1] देखता हूँ

1 छिपा हुआ

अगर कोई जाने जहाँ ग़ैर-ए-हक़[1] है
सो मैं उस को धोका गुमाँ[2] देखता हूँ

1 ख़ुदा के सिवा 2 कल्पना

ये जो कुछ कि पैदा है सब ऐन-ए-हक़[1] है
कि इक बहर-ए-हस्ती[2] रवाँ[3] देखता हूँ

1 वास्तविक सत्य 2 अस्तित्व का समुंद्र 3 प्रवाहित

जिसे ज़ात-ए-बे-रंग-ओ-बे-चूँ[1] कहें हम
बहर[2]-रंग जल्वा-कुनाँ[3] देखता हूँ

1 बे-रंग और बेमिसाल 2 हर रंग में 3 प्रकट

'नियाज़' अब हुआ ना-तवानी[1] से तू पीर[2]
वले[3]'इश्क़ तेरा जवाँ देखता हूँ

1 निर्बलता 2 वृद्ध 3 लेकिन

जो हैं आश्ना[1] सिर्र-ए-असरार[2] के
वो हैं यार हर यार-ओ-अग़यार[2] के

1 परिचित 2 भेदों का भेद 3 अपने और पराये

अँधेरा उजाला निहाँ[1] और 'अयाँ[2]
ये जल्वे हैं सब जल्वा-ए-यार[3] के

1 छिपा 2 प्रकट 3 यार का जल्वा

बहार-ओ-ख़िज़ाँ[1] हम पे है एक-साँ[2]
कभी यार-ए-गुल[3] हैं कभी ख़ार[4] के

1 वसंत और पतझड़ ऋतु 2 समान 3 फूलों का मित्र 4 काँटा

इधर की नहीं जानते रस्म-ओ-राह[1]
मियाँ हम तो बाशिंदे[2] हैं पार के

1 मेल-जोल 2 निवासी

कहाँ से कहाँ ले के पहुँचा ये दिल
मलाइक[1] जहाँ से रहे हार के

1 फ़रिश्ते

नहीं क़ैस[1]-ओ-फ़रहाद[2] सा मैं 'नियाज़'
कि हूँ गर्द-ओ-सहरा-ओ-कुहसार[3] के

1 लैला का आशिक़ 2 शीरीं का आशिक़ 3 जंगल और रेगिस्तान

हम जुर्म-ए-मोहब्बत[1] के गुनहगार हैं यारो
पकड़े हैं किए अपने को लो गर्दनें मारो
1 प्रेम का अपराध

मुश्किल है जो चुप रहते हैं जी होता है बेकल[1]
वो यार बुरा माने है गर रो-रो पुकारो
1 व्याकुल

गर राहत-ओ-आराम गया जाने दो ऐ दिल
साबित रहो टुक[1] 'इश्क़ में हिम्मत को न हारो
1 देखो

जाओ जहाँ है साक़ी-ए-सरमस्त-ए-क़दह-नोश[1]
क्यूँ आए हुए झुक-झुक मिरी आँखों में ख़ुमारो
1 बहुत अधिक पीने वाला मस्त साक़ी

फूली न समाती थी कहीं अंग में अपने
आती है ख़िज़ाँ[1] रहियो ख़बर-दार बहारो
1 पतझड़

ऐ शाह-ए-नजफ़[1] हूँ मैं 'नियाज़' आप के घर का
बिगड़े मिरे सब काम तुम्हीं आन[2] सँवारो
1 हज़रत अली 2 आ कर

ख़ाक के पुतले ने देख क्या ही मचाया है शोर
जिन्न-ओ-मलक[1] के ऊपर कर रहा है अपना ज़ोर

1 जिन्न और देवदूत

'इश्क़ के मैदान में आ सूरत-ए-इंसान[1] बना
आशिक़-ए-मौला[2] हो आ चाँद का जैसे चकोर

1 मानव रूप 2 ईश्वर प्रेमी

सीना में क़ुल्ज़ुम[1] को ले क़तरा का क़तरा रहा
बल बे-समाई तिरी उरे समुंदर के चोर

1 समुद्र

जब वो हुआ जल्वा-गर[1] तख़्त-ए-ख़िलाफ़त[2] ऊपर
'आलम-ए-मलकूत[3] के उड़ गए हाथों के मोर

1 प्रकट 2 खलीफ़ा का सिंहासन 3 देवलोक

दिल में हम अपने 'नियाज़' रखते हैं सौ तर्ज़-ए-नाज़[1]
सूझे है ये भेद उसे जिस की न हो चश्म-कोर[2]

1 हसीनों की शैली 2 अंधी आँख

❃

कुछ नहीं खुलता मुझे मैं कौन हूँ
सूरत-ए-हैरत[1] हूँ या शक्ल-ए-जुनूँ[2]

1 आश्चर्य का रूप 2 दीवाने का रूप

'इश्क़ है सरमाया-ए-दीवानगी[1]
सहर[2] कब पाता है उस को और फ़ुसूँ[3]

1 दीवानगी की पूंजी 2 जादू 3 जादू

आह-ओ-नाला[1] ने मुझे रुस्वा[2] किया
वर्ना पिन्हाँ[3] था मिरा राज़-ए-दरूँ[4]

1 विलाप 2 अपमानित 3 छिपा हुआ 4 भीतर का रहस्य

हुस्न-ए-जानाँ जल्वा-गर[1] हर शय[2] में है
दीद[3] में अपने नहीं कोई ज़बूँ[4]

1 प्रकट 2वस्तु 3 आँख 4 बीमारी

कौन पा सकता है मुझ गुम-गश्ता[1] को
दीन ढूँढे आके या दुनिया-ए-दूँ[2]

1 जो खो गया हो 2 तुच्छ संसार

जिस ने पहचाना है अपने आप को
है 'नियाज़' अपने क़दम पर सर-निगूँ[1]

1 अधोमुख

जब बर दर-ए-दिल[1] हज़रत-ए-'इश्क़[2] आन पुकारे
गोशा[3] हुई 'अक़्ल और हुए औसान[4] किनारे

1 दिल का द्वार 2 श्रीमान 'इश्क़ 3 किनारे लगना 4 सुध बुध

बाज़ी वही ले जाएगा इस खेल में ऐ दिल
जो पहले कटा मोहरा जान अपनी को हारे

गर हुस्न में हम-सर[1] हैं तुम्हारे मह-ओ-ख़ुर्शीद[2]
दिन रात ये क्यूँ होते हैं क़ुर्बान तुम्हारे

1 प्रतिद्वंद्वी 2 चाँद और सूरज

जो सिलसिला-ए-ज़ुल्फ़[1] के हैं दस्त-गिरिफ़्ता[2]
फिरते हैं सरासीमा[3] परेशान बेचारे

1 जिसके बाल ज़ंजीर की तरह घुँघराले हों 2 हाथ से पकड़े हुए 3 परेशान

गर रुस्तम-ओ-सोहराब[1] हैं ऐसे ही दिलावर[2]
होवें तो भला 'इश्क़ के मैदाँ में उतारे

1 ईरान के दो प्राचीन योद्धा 2 वीर

कल दौरा-ए-मज्नूँ था 'नियाज़' आज है अपना
नौबत[1] के बजे बर-सर-ए-दौरान[2] नक़्क़ारे

1 किसी अवसर पर नक़्क़ारे का बजना 2 मैदान में

❁

जूँही आमद-ए-आमद-ए- 'इश्क़[1] का मुझे दिल ने मुज़्दा[2] सुना दिया
ख़िरद-ओ-हवास-ओ-शकेब[3] ने वहीं कोस-ए-कूच[4] बजा दिया

1-इश्क़ का आगमन2.शुभ संदेश3बुद्धि , चेतना और सब्र4प्रस्थान करने का ढोल

जिसे देखना ही मुहाल था न था उस का नाम-ओ-निशाँ कहीं
सो हर एक ज़र्रे में 'इश्क़ ने हमें उस का जल्वा दिखा दिया

करूँ क्या बयाँ मैं हम-नशीं[1] असर उस की लुत्फ़-ओ-निगाह[2] का
कि तअ'य्युनात[3] की क़ैद से मुझे एक दम में छुड़ा दिया

1 मित्र 2 कृपा3अस्तित्व,संसार

मुझे इश्क़-ए-दिल से ही काम था न कि उस्तुख़्वान[1] को फूँकना
ग़ज़ब एक शेर के वास्ते तू ने नीस्ताँ[2] को जला दिया

1 हड्डी 2 गन्ने का खेत

तिरी नासेहा[1] ये चुनाँ-चुनीं[2] कि हैं ख़ुद-पसंदी[3] के सब क़रीं[4]
न दिखाई देगी तुझे कभी कहीं जो भी किसी ने बुझा दिया

1 ओ उपदेशक! 2 यह और वह 3 आत्म-प्रशंसा 4 मित्र

रखे हैं 'नियाज़' ये अहल-ए-दिल[1] तिरे शे'र सुनने का इश्तियाक़[2]
ग़ज़ल एक दूसरी और कह तुझे हक़[3] ने फ़िक्र-ए-रसा[4] दिया

1 पवित्र और ईमानदार लोग 2 शौक़ 3 ईश्वर 4 वो सोच जो अस्ल मक़सद तक पहुंच जाये

❁

दश्त-पैमाई[1] से है अपनी बयाबाँ[2] नाज़ाँ[3]
अपनी पा-पोश[4] से है ख़ार-ए-मुग़ीलाँ[5] नाज़ाँ

1 आवारागर्दी 2 जंगल 3 ख़ुद को गौरवान्वित समझने वाला 4 जूता 5 बबूल का काँटा

चाक[1] हाथों से है जेब अश्कों से तर है दामन
जेब नाज़ाँ है यहाँ और वहाँ दामाँ[2] नाज़ाँ

1 फटा हुआ 2 दामन

फँस गए दाम[1] में उस के जो दिल-ओ-जान-ए-जहाँ
क्यूँ न दिल-जम'ई[2] से हो ज़ुल्फ़-ए-परेशाँ[3] नाज़ाँ

1जाल 2 सांत्वना 3 बिखरी हुई ज़ुल्फ़

तुझ से तो बुझ न सकी आतिश-ए-ग़म[1] भी ऐ अब्र[2]
कौन से काम पे है तू अरे नादाँ नाज़ाँ

1 दुख की अग्नि 2 बादल

इक ज़रा होती है कम वहशत-ए-दिल[1] रोने से
है सज़ा-वार[2] जो हों दीदा-ए-गिर्यां[3] नाज़ाँ

1 दिल का उजड्डपन 2 योग्य 3 रोती आँख

हैं दिल-ओ-जाँ[1] मिरे शाह-ए-नजफ़[2] पर क़ुर्बां
ऐ 'नियाज़' इस लिए हैं मेरे दिल-ओ-जाँ नाज़ाँ

1 दिल और जान 2 हज़रत 'अली

❁

जिस यार की हो याद में घर-बार फ़रामोश[1]
होता है कोई दिल से वो दिल-दार[2] फ़रामोश

1 विस्मरण 2 मा'शूक़

जो मस्त हैं तुझ दर्स[1] के ऐ साक़ी-ए-सरशार[2]
हो क्यूँ न उन्हें ख़ाना-ए-ख़म्मार[3] फ़रामोश

1 दर्शन 2 मस्त साक़ी 3 मधुशाला

गर बादा-ए-तौहीद[1] पिएँ अहल-ए-मशारिब[2]
हफ़्ताद-ओ-दो मिल्लत[3] की हो तकरार फ़रामोश

1 एकेश्वरवाद की शराब 2 धर्म पंथी 3 इस्लाम के बहत्तर संप्रदाय

पर्दे को टुक इक मुँह से अगर यार उठा दे
हो जावें ज़-ख़ुद[1] मर्दुम-ए-हुशियार[2] फ़रामोश

1 स्वयं 2 चतुर लोग

गर कब्क-ए-दरी[1] चाल तिरी बाँकी ये देखे
रह जाए अचुक और करे रफ़्तार[2] फ़रामोश

1 पहाड़ी चकोर 2 चाल

जब दिल में खिंचा 'नियाज़' के तुझ हुस्न का नक़्शा
हो क्यूँ न उसे सूरत-ए-अग़यार[1] फ़रामोश

1 सांसारिक प्रेमिका

❁

क्या जाने किस की घात में निकला कसा हुआ
वो शोख़ हाथ क़त्ल जहाँ पर रसा[1] हुआ

1 पहुँचा

अपना तो मुल्क दिल है कभी से उजड़ गया
लेकिन चराग़-ए-दाग़[1] से कुछ है बसा हुआ

1 ज़ख़्म का दीपक

फूला नहीं समाता है जामे[1] में अपने फूल
या उस की बू[2] में पैरहन[3] अपना बसा हुआ

1 कपड़ा 2 गंध 3 वस्त्र

बैठा नहीं है ऐसा मिरे दिल में दर्द-ओ-ग़म
बिन जी लिए जो निकले ये काफ़िर धँसा हुआ

मारा तुम्हारी ज़ुल्फ़ का हर्गिज़ न बच सके
सौ बार बच रहा जो ये अफ़'ई[1] डसा हुआ

1 नाग, साँप

सुन-सुन के शोर-ए-'इश्क़'[1] के हालात ऐ 'नियाज़'
डर-डर के दिल बग़ल में है जाता धँसा हुआ

1 प्यार का शोर

फ़ारसी कलाम

ऐ दिल ब-गीर दामन-ए-सुल्तान-ए-औलिया
या'नी हुसैन-इब्न-ए-अली जान-ए-औलिया

ऐ दिल! वलियों के सरदार और वलियों की जान या'नी
'अली के बेटे हुसैन का दामन थाम ले

ज़ौक़े दिगर ब-जाम-ए-शहादत अज़ू रसीद
शौक़े दिगर ब-मस्ती-ए-इर्फ़ान-ए-औलिया

शहादत के जाम में उनकी वजह से एक दूसरा स्वाद उत्पन्न हुआ
वलियों के ज्ञान की मस्ती में एक अलग प्रकार की रुचि उत्पन्न हो गई

आईन:-ए-जमाल-ए-इलाहीस्त सूरतश
ज़ाँ रू शुदस्त क़िब्ल:-ए-ईमान-ए-औलिया

चूँकि वो नबी और 'अली के मक़ाम के वारिस हैं इसलिए वो
पैग़म्बरों के लिए गौरव और वलियों के लिए शान का विषय हैं

चूँ साहिब-ए-मक़ाम-ए-नबी-ओ-अलीस्त ऊ
हम फ़ख़्र-ए-औलिया शुद-ओ-हम शान-ए-औलिया

उनकी सूरत ईश्वरीय सौन्दर्य का आईना है
वो औलिया के ईमान का क़िब्ला हैं

रूए निकोश मतला-ए'-सुब्ह-ए-सआ'दतस्त
सीमा-ए-उस्त शम-ए'-शबिस्तान-ए-औलिया

उनका हसीन चेहरा सौभाग्य की सुब्ह का क्षितिज है
उनकी पेशानी वलियों की रात का चराग़ है

दारद 'नियाज़' हुस्न-ए-ख़ुद उम्मीद ब-हुसैन
बा औलियास्त हश्र मुहिब्बान-ए-औलिया

'नियाज़' को अपने निष्ठा के कारण हुसैन से अच्छाई की आशा है
कि ये महाप्रलय के दिन वलियों के साथ उठाया जाएगा

दिला दस्त-ए-तलब ब-कुशा ब-दरगाह-ए-शहंशाहे
निज़ामुद्दीन वल-मिल्लत अलैहे-रहमतुल्लाहे

ऐ दिल एक शहंशाह के समक्ष तलब का हाथ फैला
निज़ामुद्दीन वल-मिल्लत पर ईश्वर की कृपा हो

अमीर-ए-आलम-आराए ज़हीर-ए-दीन-ओ-दुनियाए
शहंशाह-ए-अली जाहे नबी शाने हक़-आगाहे

आप दुनिया को सजाने वाले अमीर और धर्म-ओ-दुनिया के मददगार हैं आप बादशाह अ'ली जैसे और प्रतिष्ठित पैग़म्बर जैसी शान वाले ईश्वर में विश्वास रखने वाले हैं

शबिस्तान-ए-जहाँ शुद हम-चू रू-ए-रौशने रौशन
कि तालेअ' गश्ता अज़ आफ़ाक़-ए-आलाम ईं चुनीं माहे

दुनिया का अंधकार दिन की तरह उज्जवल हो गया
क्यूँ कि संसार के क्षितिज से ऐसा चाँद प्रकट हुआ

गिरफ़्तः सूरत-ए-क़ालीं ब-बज़्मश सीरत-ए-आली
ज़बान-ए-शम्अ' शुद दर-ए-मदह-ए-ऊ मुर्ग़-ए-सहर गाहे

वर्तमान का स्वभाव उनकी महफ़िल में क़ालीन के रूप में प्रकट हुआ
उनकी प्रशंसा में चराग़ की ज़बान सुब्ह के परिंदे की तरह हो गई

ज़े-शौक़-ए-इश्क़ महबूब-ए-इलाही आँ चुनाँ गश्तम
कि तस्वीरम मुसव्विर दर कशद बर सूरत-ए-आहे

मैं महबूब-ए-ईलाही के शौक़ में ऐसा हो गया
कि चित्रकार ने मेरी तस्वीर एक आह के रूप में खींची

चे ग़म दारी 'नियाज़' अज़ रफ़्तन-ए-तन्हा अज़ीं 'आलम
कि सुल्तान-उल-मशाएख़ यार-ए-जाँ बा-तुस्त हमराहे

ऐ 'नियाज़' तुम्हें इस दुनिया से अकेले जाने का दुःख क्या है
तुम्हारे साथ तुम्हारा महबूब सुल्तानुल-मशाइख़ है

❁

नीस्त जुज़ आहंग-ए- 'इश्क़ आवाज़-ए-मूसीक़ार-ए-मन
रब्बी-अरेनी मी-नवाज़द बर लब-ए-हर-तार-ए-मन

मेरे 'इश्क़ के वाद्य की आवाज़ मेरे संगीतकार की आवाज़ के अतिरिक्त
और कुछ नहीं है मेरी वाणी का प्रत्येक तार रब्बि अरिनी गा रहा है

बस-कि हस्तम साया-पर्वर ज़ेर-ए-बाल-ए-मेहर-ए-यार
युम्न मी-गीरद हुमा अज़ साया-ए-दीवार-ए-मन

मैं अपने महबूब के परों के नीचे, छाया में हूँ
मेरी दीवार की छाया से हुमा धन्य हो जाती है

ऐ नसीम-ए-गुलशनी हाँ सू-ए-दुक्कानम बिया
ता रसानद दर मशामत बू-ए-जाँ अत्तार-ए-मन

ऐ चमन की ठंडी हवा हाँ मेरी दुकान की तरफ़ आ
ताकि मेरा सुगंधकार आत्मा की ख़ुशबू तुम्हारे मस्तिष्क तक पहुँचा दे

हुस्न-ए-ख़ूबाँ बहर-ए-हक़्क़-बीनी मिसाल-ए-ऐनक अस्त
मी-दहद बीनाई अंदर दीदः-ए-नज़्ज़ार-ए-मन

परियों की सुंदरता सच्चाई को देखने के लिए एक चश्मे की तरह है
ये मेरी आँखों को दृष्टि प्रदान करता है

हम-चू दरिया-ए-मुहीत ऐ क़तरा-अम शुद मौज-ज़न
चू ब-ख़ुद ग़रक़म नमूद आँ क़ुल्ज़ुम-ए-ज़ख़्ख़ार-ए-मन

मेरी ये बूँद समुंद्र की भाँति तरंगित हो गई
जब मेरे समुंद्र ने ख़ुद में मुझे डुबोया

कर्द मा रा बे-नियाज़ आँ क़िब्लः-ए-अहल-ए-'नियाज़'
लुत्फ़-फ़र्मा शुद ब-अहवाल-ए-दिल-ए-अफ़गार-ए-मन

इस अहल-ए-'नियाज़' के क़िब्ला ने मुझे बे-कार बना दिया
वो मेरे घायल दिल की स्थिति में दिलचस्पी लेने लगा

रफ़्तम अंदर तह-ए-ख़ाक उन्स-ए-बुतानम बाक़ीस्त
'इश्क़ जानम ब-रबूद आफ़त-ए-जानम बाक़ीस्त

मैं ख़ाक में छिप गया लेकिन हसीनों की मोहब्बत अब भी बाक़ी है
'इश्क़ ने मेरी जान ले ली, जान की मुसीबत अब भी बाक़ी है

सर-ओ-सामान-ए-वुजूदम शरर-ए-'इश्क़ ब-सोख़्त
ज़ेर-ए-ख़ाकिस्तर-ए-दिल सोज़-ए-निहानम बाक़ीस्त

मेरे अस्तित्व की पूँजी को 'इश्क़ की चिंगारी ने जला डाला
दिल की राख के नीचे मेरी छिपी तपिश अब भी बाक़ी है

कारवानम हमः ब-गुज़श्त ज़-मैदान-ए-शुहूद
हम-चू नक़्श-ए-कफ़-ए-पा नाम-ओ-निशानम बाक़ीस्त

जल्वों के परिदृश्य से मेरा पूरा क़ाफ़िला गुज़र गया
पाँव के निशान की तरह मेरा नाम-ओ-निशान अब भी बाक़ी है

हस्तियम जुम्लः ख़यालस्त ब-तिम्साल-ए-सराब
बिल-यक़ीं मन नयम-ओ-वह्म-ओ-गुमानम बाक़ीस्त

मेरा अस्तित्व मरिचिका की तरह मुकम्मल ख़याली है
यक़ीं (की निगाह) से मैं नहीं हूँ मेरा वहम-ओ-गुमान अब भी बाक़ी है

तमअ'-ए-फ़ातिहः अज़ ख़ल्क़ न-दारेम 'नियाज़'
'इश्क़-ए-मन दर पस-ए-मन फ़ातिहः ख़्वानम बाक़ीस्त

ऐ 'नियाज़' लोगों से हम फ़ातिहा की इच्छा नहीं रखते
मेरा 'इश्क़ मेरे बा'द मेरे फ़ातिहा-ख़्वाँ की हैसियत से अब भी बाक़ी है

अला या अय्योहस-साक़ी ब-देह जाम-ए-मय-ए-नाबम
कि अफ़्गनदस्त हुशियारे मरा दर पेच-ओ-दर-ताबम

ऐ साक़ी मुझे शुद्ध शराब का जाम दे
निःसन्देह होश ने मुझे पीड़ित कर रखा है, मैं बड़ी चिंता में हूँ

न दारम आरज़ू-ए-इल्म-ओ-फज़्ल-ए-दो-जहाँ दर दिल
हमीनम बस बुवद गर ख़ुद ज़माने बे-ख़ुदी याबम

मेरे दिल में ज्ञान और महानता की तनिक इच्छा नहीं है
मेरे लिए इतना ही बहुत है कि मैं कुछ देर ख़ुद से बे-ख़बर रहूँ

म-देह तकलीफ़-ए-'इल्म-ए-रस्मियम ऐ 'आलिम-ए-हालम
परेशाँ हालियम रू मी-देहद अज़ दर्स-ए-अबवाबम

जो मुझ से परिचित हैं, वो मुझे ज्ञान न दें
मेरी दुर्दशा मुझे ख़ुद अपना पाठ पढ़ाती है

मुतल्लक़ कर्दः-अम मन ज़ौजा-ए-कौनैन राज़ अंदम
कि बा महरत क़ुबूलम इत्तिफ़ाक़ उफ़्ताद-ओ-ईजाबम

दोनों जगत की पत्नी को मैंने तलाक़ दे दिया है
कि जब से तेरी मोहब्बत में मेरी जान पड़ी है

चे तूफ़ाँ-ख़ेज़ अश्कस्त ईं रवाँ अज़ चश्म-ए-ख़ूँ-बारम
कि मी-तर्सम ज़-ग़र्क़-ए-आलम अंदर मौज-ए-सैलाबम

मेरी ख़ून बरसाती आँखों से कैसे तूफ़ान उठाने वाले आँसू जारी हैं
कि मैं अपने सैलाब की मौज में मुझे दुनिया के डूब जाने का डर है

तु सद-गून: जफ़ा-ओ-जौर बर मन मी-कुनी जानाँ
ब-जुज़ 'इज्ज़-ओ-नियाज़म नीस्त दीगर शीव:-ओ-दाबम

ऐ महबूब तू सैकड़ों प्रकार के अत्याचार मुझ पर करता है
सिवाए नम्रता और प्रार्थना के कुछ और मेरा स्वभाव नहीं है

❁

'आशिक़-ए-बे-ख़बर मनम मन न-मनम न-मन मनम
आ'रिफ़-ए-बा-हुनर मनम मन न-मनम न-मन मनम

मैं बे-ख़बर 'आशिक़ हूँ, मैं मैं नहीं हूँ, न मैं मैं हूँ
मैं हुनर-मंद रहस्यवादी हूँ, मैं मैं नहीं हूँ, न मैं मैं हूँ

सोज़-ए-दिल-ओ-जिगर मनम वह्शत-ए-पर्द: दर मनम
दानिश-ए-बख़िय:-गर मनम मन न-मनम न-मन मनम

मैं दिल-ओ-जिगर की जलन हूँ, मैं पर्दा फाड़ने वाले की वहशत हूँ
मैं बख़िए सीने वाली 'अक़्ल हूँ, मैं मैं नहीं हूँ, न मैं मैं हूँ

अम्न मनम ख़तर मनम ज़हर मनम शकर मनम
नफ़्अ' मनम ज़रर मनम मन न-मनम न-मन मनम

मैं शान्ति हूँ, मैं भय हूँ, मैं ज़हर हूँ, मैं मिठास हूँ
मैं लाभ हूँ, मैं हानि हूँ, मैं मैं नहीं हूँ, न मैं मैं हूँ

शाम मनम सहर मनम शम्स मनम क़मर मनम
दर हम: जल्व:-गर मनम मन न-मनम न-मन मनम

मैं शाम हूँ, मैं सहर हूँ, मैं सूरज हूँ, मैं चाँद हूँ
मैं सभी में जल्वा-गर हूँ, मैं मैं नहीं हूँ, न मैं मैं हूँ

सूफ़ी-ए-बा-सफ़ा मनम बे-ख़ुद-ओ-बा-ख़ुदा मनम
अहल-ए-दिल-ओ-नज़र मनम मन न-मनम न-मन मनम

मैं उज्जवल हृदय वाला सूफ़ी हूँ, मैं स्वयं से अपरिचित और ईश्वर से परिचित हूँ
मैं दिल और दृष्टि वाला हूँ, मैं मैं नहीं हूँ, न मैं मैं हूँ

राज़-ओ-नियाज़-ए-ख़ुद मनम सोज़-ओ-गुदाज़-ए-ख़ुद मनम
कर्दः क़दम ज़-सर मनम मन न-मनम न-मन मनम

मैं अपना भेद और अपनी प्रार्थना हूँ, मैं अपना दुःख और पीड़ा हूँ
मैं सर के बल चल रहा हूँ, मैं मैं नहीं हूँ, न मैं मैं हूँ

❁

मस्त गश्तम अज़ दो-चश्म-ए-साक़ी-ए-पैमानः-नोश
अल-फ़िराक़ ऐ नंग-ओ-नामूस अलविदा' ऐ अ'क़्ल-ओ-होश

मैं साक़ी की मस्त आँखों से मस्त हो गया
मान-सम्मान दूर हो और ऐ अ'क़्ल-ओ-होश रुख़्सत हो

या-रब ईं चश्म-ए-मनस्त या जादू-अस्त कज़ कैफ़ियतश
हम-चू दरिया-ए-मुहीत ईं क़त्रः-अम आमद ब-जोश

हे ईश्वर! ये मस्त आँखें हैं या कोई जादू
दरिया की तरह ये आँसुओं की बूँदें जोश मार रही हैं

शुद तनम हम-रंग बा जाँ जाँ ब-तन हम-रंग शुद
मी-रसद हर जा कि ख़्वाहद जाँ ब-तन ख़ानः-ब-दोश

मेरा शरीर मेरी जान जैसा हो गया और जान शरीर की तरह हो गई
मेरी आत्मा जहाँ चाहती है उसे ले जाती है, जान शरीर में घुमंतू की तरह है

गुफ़्तमश ऐ जान-ए-मन हम-जान-ओ-हम-तन ख़ुद तुई
गुफ़्त फ़िल-वाक़े' दिली दर सिर्र-ए-ईं असरार-कोश

मैंने कहा ऐ मेरी जान, तू ख़ुद मेरी जान और मेरा शरीर है
उसने कहा, ऐसा ही है, इस भेद की रक्षा करो

बर दर-ए-मय-ख़ानः ब-नशिस्तम ब-सद 'इज्ज़-ओ-नियाज़
गश्तः-अम अज़ बहर-ए-यक-दो-जाम-ए-मय ताअ'त-फ़रोश

मैं बड़ी विनम्रता से मय-ख़ाने के दरवाज़े पर बैठा हूँ
मैं ने शराब के एक दो प्यालों के बदले उपासना छोड़ दी है

आ'लमे पुर-शोरिशस्त अज़ ग़लग़ल-ओ-शोरत 'नियाज़'
यक-दमे यार-ए-मन अज़ हा-ओ-हू बस कुन ख़मोश

ऐ 'नियाज़ ' तुम्हारे शोर से पूरी दुनिया में हंगामा मचा है
मेरे यार कुछ देर के लिए अपना शोर बंद कर दे

मन आँ नूरम कि अंदर ला-मकाँ मौजूद बूदस्तम
ब-इश्राक़-ए-ख़ुदम ख़ुद शाहिद-ओ-मशहूद बूदस्तम

मैं वो प्रकाश हूँ कि जो शून्य में उपस्थित रहा हूँ
मैं अपनी चमक का स्वयं ही प्रशंसक और गवाह रहा हूँ

न अज़ आ'लम बयाने बूद-ओ-नय-आदम निशाने दाश्त
कि अज़ नज़्ज़ार:-ए-हुस्न-ए-ख़ुदम ख़ुशनूद बूदस्तम

न दुनिया का कोई अस्तित्व था, न आदम का पता
कि मैं ख़ुद अपने हुस्न के नज़ारे पर प्रसन्न रहा हूँ

बसीतम आँ क़दर शुद मुम्बसित अज़ हुब्ब-ए-पैदाई
कि बा यक नुक़्तगी सदहा ख़त-ए-ममदूद बूदस्तम

मेरा अनस्तित्व अस्तित्व में आने की ख़्वाहिश से इतना प्रसन्न हुआ
कि एक बिंदू होते हुए भी सैकड़ों लंबी लकीरें रहा हूँ

हयूला-ए-दो-आ'लम माद्द:-ए-अर्वाह-ओ-अश्बाहम
हरीर-ए-जिस्म-ओ-जाँ रा हम-चू तार-ओ-पूद बूदस्तम

दोनों जहाँ का ढाँचा, मेरा शरीर और आत्मा उस का मूल तत्व है
शरीर और जान के रेशमी कपड़े में मैं ताने-बाने की तरह रहा हूँ

ब-दरिया-ए-हक़ीक़त बह्र-ए-ग़व्वसान-ए-दरिया-दिल
ब-हर अ'हदे-ओ-अस्रे गौहर-ए-मक़्सूद बूदस्तम

सच्चाई के समुंद्र में साहसी तैराकों के लिए
हर समय और हर दौर में मैं उद्देश्य का मोती रहा हूँ

'नियाज़' अंदर हक़ीक़त ला-यज़ाल-ओ-लम-यज़ल हस्तम
मगर बा ईं तअ'य्युन नीस्त-व-नाबूद बूदस्तम

ऐ 'नियाज़' हक़ीक़त में मैं अनश्वर और अविनाशी हूँ
मगर इन विशेषताओं के साथ मैं लुप्त और फ़ना हो जाने वाला रहा हूँ

❁

ऐ तालिबाँ ऐ तालिबाँ मन बा शुमा हर जास्तम
हम जल्वः-गर दर दीदःहा हम मुज़्मिर-ए-दिल-हासतम

ऐ साधकों! ऐ साधकों! मैं तुम्हारे साथ हर जगह हूँ
आँखों में भी प्रकट हूँ, दिलों में भी छिपा हूँ

ईं दूरी-ओ-मह्जूरीयम अज़ वह्म-ओ-पिंदार-ए-शुमास्त
दर निस्बत-ए-ख़ुद बा-शुमा दरिया-ओ-मौज असास्तम

मेरी ये दूरी और जुदाई तुम्हारे गुमान और सोच का नतीजा है
मैं तुम्हारे साथ दरिया और मौज की तरह हूँ

साबित-तरम मन अज़ हमः बे-आँ कि इस्बातम कुनंद
बे-आँ कि बे-पर्दः शवम दर पर्दः-ए-इख़्फ़ास्तम

लोग मेरा इक़रार करें, इस से बेपरवाह, मैं सबसे ज़्यादा सर्वमान्य हूँ
लोग मुझे अपवाद समझें, इस से बेफ़िक्र मैं सबसे ज़्यादा अपवादित हूँ

बर-अ'क्स-ए-रस्म-ए-ईं-जहाँ दर पर्दः मी-बाशम अ'याँ
चंदाँ कि बे-पर्दः शवम दर पर्दः-ए-इख़्फ़ास्तम

इस दुनिया की रीति के उलट मैं पर्दे में प्रकट हूँ
जितना मैं बे-पर्दा होता हूँ उतना ही मैं पर्दे में रहता हूँ

हम अव्वल-ओ-आख़िर मनम हम ज़ाहिर-ओ-बातिन मनम
हम आलम-ए-दुनिया मनम हम नश्आ-ए-उ'क़्बास्तम

मैं आरंभ और अंत भी हूँ, मैं प्रकट और अप्रकट भी हूँ
मैं दुनिया भी हूँ और परलोक भी

गाहे 'नियाज़' ईमान-ए-मन गह बे-नियाज़ी शान-ए-मन
ईं हर दो मी ज़ेबद ब-मन हम बंदः हम मौलास्तम

कभी 'नियाज़' मेरा ईमान है, कभी बेपरवाही मेरी शान है
ये दोनों मुझे शोभा देते हैं, मैं बंदा हूँ, मैं आक़ा भी हूँ

❀

यार-ए-मा रा हर ज़माँ नाम-ओ-नीशाने दीगर अस्त
सूरत-ओ-शक्ल-ए-ऊ रा हर-वक़्त शाने दीगर अस्त

हमारे महबूब का नाम-ओ-निशान हर पल अलग है
उसकी सूरत की शान हर पल नई है

मुर्ग़-ए-जानम के फ़ुरूद आयद ज़े-बुस्तान-ए-इरम
मुर्ग़ज़ार-ए-मुर्ग़-ए-जानम बोस्ताने दीगर अस्त

मेरी रूह का परिंदा स्वर्ग में किस तरह आएगा
मेरी रूह का हरा मैदान तो कोई और ही बाग़ है

मन जहाने ग़ैर अज़ीं हर-दो-जहाँ न-गुज़ीदःअम
ख़ारिज अज़ हर-दो-जहाँ मा रा जहाने दीगर अस्त

मैं ने दोनों लोकों से अलग एक और दुनिया चुनी है
दोनों लोकों से अलग मेरी कोई और दुनिया है

जिस्म-ओ-जान-ए-कामिलाँ न-बुवद मिसाल-ए-नाक़िसाँ
आ'शिक़ान-ओ-आ'रिफ़ाँ रा जिस्म-ओ-जने दीगर अस्त

सिद्धों के जिस्म-ओ-जान अपरिपक्वों जैसे नहीं होते
प्रेमी और ज्ञानी के जिस्म और जान कुछ और होते हैं

फ़ैज़याब अज़ बारगाह-ए-शैख़-अब्दुलक़ादिरम
ईं जिहत मा रा ब-राह-ए-फ़क़्र शाने दीगर अस्त

मुझे शैख़ अ'ब्दुल क़ादिर की बारगाह से दीक्षा मिली है
फ़क़ीरी और दरवेशी में मेरी शान अलग है

सिर्र-ए-'इश्क़श दर बयान-ए-कस न-यायद ऐ 'नियाज़'
ईं चुनीं असरार रा शर्ह-ओ-बयाने दीगर अस्त

ऐ 'नियाज़' 'इश्क़ के भेदों का बयान किसी और से संभव नहीं
ऐसे रहस्यों के लिए कोई और व्याख्या चाहिए

मुरीद-ए-पीर-ए-मुग़ानम दिगर नमी-दानम
ख़राब-ए-बादः-ए-आनम दिगर नमी-दानम

बड़े पीर का मुरीद हूँ, मैं और कुछ नहीं जानता
उस की शराब से मस्त हूँ, मैं और कुछ नहीं जानता

हमीं कि पीर-ए-मुग़ानस्त पीर-ओ-मुर्शिद-ए-मन
बसस्त नाम-ओ-निशानम दिगर नमी-दानम

मार्ग-दर्शन करने वाला मेरा बड़ा पीर काफ़ी है
मेरा नाम और निशान, मैं और कुछ नहीं जानता

ब-दिल चूँ ज़मज़मः-ए-इश्क़-ए-नाईम ब-दमीद
चू नय ब-शोर-ओ-फ़ुग़ानम दिगर नमी-दानम

दिल को मेरी बाँसुरी ने 'इश्क़ का संगीत सुनाया है
इसलिए बाँसुरी की तरह शोर मचा रहा हूँ, मैं और कुछ नहीं जानता

शरार-ए-हुस्न-ए-रुख़-ए-दोस्त आतिशम ज़दः अस्त
जुज़ ईं कि सोख़्तः जानम दिगर नमी-दानम

दोस्त के चेहरे के सौन्दर्य की चिंगारी ने मुझमें आग लगा दी है
सिवाए इसके कि मैं प्रेमी हूँ, मैं और कुछ नहीं जानता

ब-याद महव शुदम चूँ हबाब दर दरिया
ज़े-चश्म-ए-ख़ल्क़ निहानम दिगर नमी-दानम

मैं महबूब में दरिया के बुलबुले की तरह लीन हो गया
जन मानस की आँखों से छिपा हूँ, मैं और कुछ नहीं जानता

ज़े-बे-नियाज़ी-ए-ख़ुद मी-दहम ख़बर ब-'नियाज़'
कि जान-ए-जान-ए-जहानम दिगर नमी-दानम

मैं अपनी बेपरवाही की ख़बर 'नियाज़' को दे रहा हूँ
कि तू मेरी दुनिया की जान की जान है, मैं और कुछ नहीं जानता

हुस्न-ए-रू-ए-हर-परी-रू अ'क्स-ए-हुस्न-ए-रू-ए-ऊस्त
रंग-ओ-बू-ए-गुल्शन-ए-ख़ूबी ज़े-रंग-ओ-बू-ए-ऊस्त

परी जैसे चेहरों का हुस्न 'उस' के हुस्न का प्रतिबिंब है
हसीन बाग़ का रंग 'उसी' के रंग और ख़ुश्बू में रचा-बसा है

हर दिल अंदर हर बदन दर फ़िक्र-ए-जुस्त-ओ-जू-ए-ऊस्त
हर ज़बाँ दर हर दहन दर फ़िक्र-ए-गुफ़्त-ओ-गू-ए-ऊस्त

हर जिस्म में दिल को 'उसी' की तलाश है
हर मुँह की ज़बान 'उसी' से बात करना चाहती है

मंज़िल-ए-हर-मशरब-ओ-मज़्हब सरा-ए-कू-ए-ऊस्त
इंतिहा-ए-राह-ए-हफ़्ताद-ओ-दो-मिल्लत सू-ए-ऊस्त

सारे धर्मों की मंज़िल 'उसी' का कूचा है
इस्लाम के बहत्तर संप्रदायों की राह उसी पर ख़त्म होती है

दर हरीम-ए-का'ब:-ओ-दैर-ओ-कलीसा-ओ-कुनिश्त
क़िब्ल:-ए-जान-ए-जहाँ ताक़-ए-ख़म-ए-अब्रू-ए-ऊस्त

का'बा, गिरिजा घर, मंदिर और अग्नि मंदिर की चहार-दीवारी में
दुनिया की जान का पूजा स्थल उसी की मेहराबदार भवें हैं

फ़ित्न:-ए-आशोब-ए-जान-ओ-शोरिश-ए-ग़ौग़ा-ए-दिल
ग़ुल्ग़ुल-ओ-शोर-ए-दो-आ'लम हम ज़े-हाए-ओ-हू-ए-ऊस्त

जान और दिल का शोर और हंगामा
और दोनों लोकों का शोर उसी की आह और विलाप से है

बर 'नियाज़' ऐ दोस्ताँ अज़ बे-नियाज़ी शिक्वः नीस्त
ज़ाँ कि दर ख़्वेशम सरापा राह-ओ-रस्म-ए-ख़ु-ए-ऊस्त

दोस्तो! 'नियाज़' से दूर रहने की कोई शिकायत नहीं
कि मेरे अंदर 'उसी' की रस्में और 'आदतें आई हैं

❁

ख़ुद ताज ब-सर सूरत-ए-शाहानः बर आमद दारा-ए-जहाँ शुद
ख़ुद दल्क़-ए-ब-बर गदायानः बर आमद दूकाँ ब-दूकाँ शुद

सर पे ताज रखकर बादशाह की तरह प्रकट हुआ, और दुनिया का बादशाह बना
ख़ुद ही गुदड़ी ओढ़ कर फ़क़ीरों की सूरत बनाई और दुकान-दुकान फिरा

हक़्क़न कि हमोनस्त कि ऊ पर्दः-नशीं बूद दर हज्ला-ए-ग़ैबत
बा-सूरत-ए-ज़ेबा ज़े निहाँ-ख़ानः बर आमद दर ऐ'न-ओ-अ'याँ शुद

वास्तव में अदृश्य लोक में जो छुपा था, वही ख़ुदा है
वही अब सुंदर रूप धारण कर अदृश्य-स्थान से प्रकट हुआ है

गाहे मुतजमम्लि शुदः बर मसनद-ए-ख़ूबी दर सूरत-ए-लैला
गह क़ैस शुद-ओ-आ'शिक़-ए-दीवानः बर आमद बे-ख़ानः ओ-माँ शुद

कभी लैला की शक्ल में सिंहासन पर बैठा और कभी क़ैस-ओ-मज्नूँ के रूप में
'आशिक़ और दीवाना बन कर बे-घर हुआ

ख़ुद बूद कि ऊ रफ़्त ज़े जीलाँ सू-ए-बग़दाद शैख़-ए-हमः आ'लम
दर शक्ल-ए-'नियाज़' हम चू मुरीदानः बर आमद अज़ मो'तक़िदाँ शुद

वही जीलान से बग़दाद आया और जगद्गुरु बना,
और ख़ुद 'नियाज़' का भेस धारण कर भक्तों में शामिल हुआ

चूँ यार ब-बज़्म आमदः पोशीदः नक़ाबम
पस कस न-बूद हाजिब-ए-ऊ ग़ैर-ए-हिजाबम

जब महबूब सभा में नक़ाब पहने हुए आए
फिर सिवाए मेरे पर्दे के कोई उसके पर्दें में रुकावट नहीं डालेगा

दरिया-ए-मुहीतसत वजूदम ब-हक़ीक़त
दर सूरत-ए-ख़ुद गरचे ब-तिम्साल-ए-सराबम

वास्तव में मेरा अस्तित्व एक अपार समुंद्र है
देखने में अगरचे मैं एक मरीचिका की तरह हूँ

सुल्तान-ए-जहाँ हस्तम-ओ-आज़ाद ज़े हर क़ैद
गो शक्ल-ए-गदायानः ब-क़ैद-ए-गिल-ओ-आबम

मैं दुनिया का बादशाह हूँ और हर क़ैद से आज़ाद हूँ
अगरचे मैं फ़क़ीर के भेस में कीचड़ में पड़ा हूँ

अज़ कशफ़-ओ-करामात मलाफ़ीद कि ईं-हा
उफ़्तादः बराहंद ब-ता'दाद-ए-हिसाबम

अपने चमत्कार की डींगें न हाँको कि ये सब
मेरे रास्ते में गिनती के हिसाब से पड़े हुए हैं

ख़ुद आ'शिक़-ए-ख़ुद हस्तम-ओ-मुश्ताक़-ए-लिक़ायम
दर शक्ल-ए-'नियाज़' आमदः-अम बा-तप-ओ-ताबम

मैं ख़ुद अपना 'आशिक़ हूँ और दर्शन का इच्छुक हूँ
मैं 'नियाज़' की शक्ल में व्याकुल और क्षुब्ध आया हूँ

❁

सूरतम पस्तस्त लेकिन मा'नी-ए-दारम बुलंद
बातिनम आज़ाद-ए-मुतलक़ ज़ाहिरम दर क़ैद-ओ-बंद

मैं देखने में छोटा हूँ लेकिन मुझ में अच्छे अर्थ छिपे हैं
मेरा बातिन आज़ाद और मेरा ज़ाहिर क़ैद में है

राह-ए-हक़ सर कर्दन आसाँ नीस्त जुज़ रफ़्तन ज़े सर
अंदरीं रह बायद ऐ दिल हिम्मत-ए-मुश्किल-पसंद

सच्चाई के मार्ग पर चलना आसान नहीं है इस मार्ग में सर देना पड़ता है
इस मार्ग पर चलने वाले की हिम्मत बुलन्द होनी चाहिए

नीस्त जुज़ हस्ती-ए-हक़ पैदा-ओ-पिन्हाँ दर वुजूद
चश्म-ओ-दिल ब-कुशा-ओ-ब-निगर बे-हिजाब ऐ होश-मंद

अस्तित्व के भीतर और बाहर ईश्वर के अतिरिक्त कुछ नहीं है
ऐ बुद्धिमान! दिल की आँखें खोल और बे-पर्दा उसे देख

बातिन-ओ-ज़ाहिर ख़ुद ऊ हस्त अव्वल-ओ-आख़िर ख़ुद ऊस्त
बरतर अज़ चंदस्त व चुँ हम जल्वः-गर दर चुँ-ओ-चंद

प्रकट और अप्रकट ख़ुद वो है अंत और आरंभ भी वही है
गुण और मात्रा से ख़ाली है और गुण और मात्रा में जल्वा-गर भी

ख़्वेश रा हक़-दाँ-ओ-हक़-बीं ता शवी हक़ आ'क़िबत
तालिब-ए-हक़ रा निशाँ दादम ज़े-राह-ए-हक़-पसंद

अपने आपको हक़ समझ और हक़ देख ताकि अंजाम अच्छा हो
सत्य तलाश करने वाले का पता मैं ने तुम्हें बता दिया

नुक्त:-ए-तहक़ीक़ ब-शिनो अज़ नियाज़-ए-बे-नियाज़
कीं हम: नक़्श-ए-दो-आ'लम नीस्त इल्ला नक़्श-बंद

हक़ीक़त का ये भेद 'नियाज़' बे-नियाज़ से सुन
दोनों जहान का ये चित्र, चित्रकार के अतिरिक्त कुछ नहीं है

❁

'ईदस्त साक़िया दर-ए-मय-ख़ान: बाज़ कुन
पैमान-ए-तौब: ब-शिकन-ओ-पैमान: साज़ कुन

ऐ साक़ी 'ईद का दिन है मय-ख़ाने का दरवाज़ा खोल
तौबा का पैमान तोड़ और पैमाना को उठा ले

हंगाम-ए-ज़ुह्द-ओ-तौब:-ओ-तक़्वा गुज़श्त-ओ-रफ़्त
दौर-ए-हक़ीक़तस्त विदाअ'-ए-मजाज़ कुन

भक्ति, धर्मपरायणता और तौबा का समय गुज़र गया
अब हक़ीक़त का ज़माना है मिजाज़ को रुख़सत कर

ब-निगर ब-पेच-ओ-ताब-ए-दिल सोगवार-ए-मन
कोताही-ए-तताव़ुल-ए-ज़ुल्फ़-ए-दराज़ कुन

मेरे उदास दिल की चिंता और क्रोध को देख
अपनी लंबी ज़ुल्फ़ों के अत्याचार को कम कर

इमरोज़ रोज़-ए-ऐ'श-ओ-निशात-ओ-सुरूर हस्त
जूद-ओ-अ'ता-ओ-लुत्फ़ ब-अहल-ए-नियाज़ कुन

आज सुख, आनंद और ख़ुशी का दिन है
भक्तों के साथ दया, कृपा और मेहरबानी कर

गंज-ए-क़ना'अतस्त कि दिल रा ग़नी कुनद
ऐ दिल अगर ग़िना-तलबी तर्क-ए-आज़ कुन

ये संतुष्टि का ख़ज़ाना है जो दिल को धनवान बनाता है
ऐ दिल! अगर तू धनी होना चाहता है तो लालच को छोड़

ता सुब्ह-ए-वस्ल दर न-दमद हर शब ऐ 'नियाज़'
चूँ शम्अ' आह-ओ-गिरिया ब-सोज़-ओ-गुदाज़ कुन

ऐ 'नियाज़' जब तक हर रात विसाल की सुब्ह न हो
भावना के साथ शम्अ' की तरह आह और विलाप कर

बमिरआत-ए-जहाँ ब-नमूद जानाँ रू-ए-ज़ेबा रा
ब-रंग-ए-दीगर-ओ-शान-ए-दीगर हर पीर-ओ-बुर्ना रा

दुनिया के आईने में महबूब ने नए अंदाज़ और निराली शान से
हर बूढ़े और जवान को अपना चेहरा दिखाया

अनीस-ए-अहल-ए-ईमाँ हम शुद-ओ-हम यार-ए-बे-दीनाँ
बिना-ए-का'ब: रा हम साख़्त हम दैर-ओ-कलीसा रा

वो ईमान वाले का हमदर्द भी हुआ और काफ़िरों का दोस्त भी
उस ने ही का'बा, मंदिर और गिरजा की बुनियाद रखी

ब-पुश्त-ए-पार्सायाँ बार-ए-तक़्वा बर निहाद-ए-ऊस्त
ब-जान-ए-मय-कशाँ अन्दाख़्त मेहर-ए-जाम-ए-सहबा रा

संयमी लोगों की पीठ पर उसने संयम का बोझ लादा
और रिंदों के दिलों में जाम और शराब की मोहब्बत डाली

ब-नूर-ए-आफ़्ताब-ए-रू-ए-ऊ हर ज़र्र: ताबाँ अस्त
न तन्हा माह-ए-कनआ'ने कि ब-नमूद: ज़ुलेख़ा रा

उस के सूरज जैसे चेहरे के नूर से हर ज़र्रा मुनव्वर है
न सिर्फ़ कन'आँ का चाँद जो ज़ुलेख़ा के रू-ब-रू ज़ाहिर हुआ

बहर मुल्क-ए-दिगर राहे व रस्मे दीगरे दारद
बहर तरफ़े मुअ'य्यन साख़्त: अफ़्वाज-ए-अस्मा रा

हर मुल्क में वो अलग-अलग और मुख़्तलिफ़ रंग रखता है
हर तरफ़ उसने नामों की फ़ौज लगा रखी है

'नियाज़' अज़ फ़ैज़-ए-जूद-ए-उस्त पुर-मा'मूर:-ए-आ'लम
कि अज़ तहतुस-सुरा ब-नवाख़्त ता फ़ौक़ुस-सुरैया रा

ऐ 'नियाज़' उस के उपकार से दुनिया की 'इमारत रौशन है
जिसने पाताल से नक्षत्रों तक को नवाज़ा है

❁

ऐ ग़नी ज़ात-ए-तू अज़ इक़रार-ओ-अज़ इंकार-ए-मा
बे-नियाज़ अज़ मा-ओ-अज़ पैदाई-ओ-इज़्हार-ए-मा

ऐ कि हमारे इक़रार और इंकार से तेरी ज़ात मुक्त है
हम से और हमारी उपस्थिति से तू बे-नियाज़ है

ने बहारत हस्ती-ए-मानी ख़ज़ानत नीस्ती
ऐ बहारत बे-तअ'ल्लुक़ अज़ गुल-ओ-अज़ ख़ार-ए-मा

न तेरी बहार हमारे अस्तित्व से, न तेरा पतझड़ हमारी अस्तित्वहीनता से
तेरी बहार हमारे फूल और काँटे से बे-तअ'ल्लुक़ है

गंज-ए-मख़्फ़ी बूद अंदर ग़ैब-ए-मुत्लक़ ज़ात-ए-तू
नाम-ए-मा आँजा कुजा बूद-ओ-कुजा आसार-ए-मा

तेरी ज़ात पूर्णत: अदृश्य में छिपा ख़ज़ाना थी
हमारा नाम और निशान वहाँ कहाँ था

रंग बे-रंगेस्त अस्ल-ए-रंगहाए रंग-रंग
नूर-ए-बे-रंगी बेह-अज़ नैरंगी-ए-अनवार-ए-मा

रंगों का अस्ल में कोई रंग नहीं है
बेरंगी का नूर, नूर के वैभिन्य से बेहतर है

गुंग मी गर्दद ज़बान-ए-अहल-ए-इ'रफ़ाँ ज़ीं मक़ाम
मा अ'रफ़ना गुफ़्त ईं-जा सय्यद-ए-अबरार-ए-मा

इस मक़ाम पर रहस्यवादियों की ज़बान गूँगी हो जाती हैं
ख़ुद हमारे पैग़म्बर ने 'मा- 'अरफ़ना' फ़रमा दिया है

दाद: अम अज़ ज़ात-ए-अहदियत निशानत ऐ 'नियाज़'
चश्म-ए-दिल ब-कुशा-ओ-ब-निगर मा 'नी-ए-अश्आ 'र-ए-मा

ऐ 'नियाज़' मैंने तुम्हें ईश्वर का पता बताया है
दिल की आँखें खोलो और हमारे अश्आ 'र के अर्थ देखो

❁

बसंत आमद-ओ-गुलदस्त:-ए-बहार आवुर्द
निशात-ओ-ख़ुर्रमी आमाद: दर कनार आवुर्द

बसंत आया और बहार का गुलदस्ता लाया
ख़ुशी और मस्ती तय्यार कर के हमारे पास लाया

तरान:हा-ए-तरब नग़म:हा-ए-जाँ-अफ़्ज़ा
रबाब-ओ-ऊ'द-ओ-दफ़-ओ-चंग रा ब-कार आवुर्द

ख़ुशी के गीत और प्राण-पोषक संगीत ने
वीणा और डफली को मश्ग़ूल कर दिया

फ़ुरूद-ए-मस्ती-ओ-जोश-ओ-ख़रोश-ए-मस्ताँ रा
हवा-ए-नश्श: ब-शैख़ान-ए-होशियार आवुर्द

मस्ती और जोश और ख़रोश ने मस्तों को
नशे की हवस में होशयार शैखों तक पहुँचा दिया

जफ़ा-कशान-ए-ख़ज़ाँ रा ख़ुशी मुबारकबाद
बहार आमद-ओ-गुल-हा ब-शाख़्सार आवुर्द

ख़िज़ाँ की मुसीबत उठाए हुए लोगों को ये ख़ुशी मुबारक हो
बहार ने फूलों को घनी टहनियों के बीच पहुँचा दिया

रसीद बाद-ए-सबा सू-ए-बुलबुल-ए-मुज़्तर
क़ुदूम-ए-मौसम-ए-गुल गुफ़्त-ओ-दर क़रार आवुर्द

बे-क़रार बुलबुल के पास सुब्ह की ठंडी हवा ने पहुँच कर
बसंत के आगमन की ख़बर दी और सुकून प्रदान किया

हुज़ूर-ए-'ख़ुसरौ'-ए-हिन्दुस्ताँ निज़ामुद्दीन
'नियाज़' जान-ओ-दिल-ए-ख़्वेश रा निसार आवुर्द

हिन्दुस्तान के बादशाह निज़ामुद्दीन की बारगाह में
'नियाज़' ने अपना दिल और जान क़ुर्बान कर दिया

❁

बाज़ बर तख़्त-ए-दिलम शुद जल्वः-गर सुल्तान-ए-'इश्क़
सोख़्त रख़्त-ए-हस्तियम अज़ आतिश-ए-सोज़ान-ए-'इश्क़

'इश्क़ का बादशाह फिर मेरे दिल के तख़्त पर प्रकट हुआ
उसने मेरे अस्तित्व के सामान को 'इश्क़ की भड़कती आग में जला डाला

जोशिश-ए-दरिया-ए-'इश्क़स्त ईं जहान-ओ-आँ जहाँ
गुम्बद-ए-गर्दूं हबाबे बाशदज़ उ'म्मान-ए-'इश्क़

ये दुनिया और वो दुनिया 'इश्क़ के दरिया का जोश है
आसमान का गुंबद 'इश्क़ के दरिया का एक बुलबुला है

यक नुमूद ईं कस्रत-ए-वहमी ब-यक दो कर्दनम
बुल-अ'जब मान्दम ज़े कार-ए-ख़ंजर-ए-बुर्रान-ए-'इश्क़

मेरे दो करने के भ्रम को उसने एक कर दिया
मैं 'इश्क़ के तेज़ ख़ंजर के कारनामे पर हैरान हो गया

चूँ ज़ुलेख़ा मन असीर-ए-यूसुफ़-ए-मिस्री न-यम
दर नज़र दारम हज़ाराँ यूसुफ़-ए-कनआ'न-ए-'इश्क़

ज़ुलेख़ा की तरह मैं मिस्र के यूसुफ़ का गिरफ़्तार नहीं हूँ
मेरी निगाहों में 'इश्क़ के कन'आन के हज़ारों यूसुफ़ हैं

ने ब-वस्ल आराम-ए-जाँ ने दर फ़िराक़ आसूदगी
अज़ कि जोयम चारः-ए-ईं दर्द-ए-बे-दरमान-ए-'इश्क़

न तो विसाल में रूह का सुकून है, न फ़िराक़ में शांति
मैं 'इश्क़ के उस ला-इ'लाज दर्द का इ'लाज कहाँ ढूँढूँ

ऐ 'नियाज़' अज़ गुफ़्तुगू-ए-ईन-ओ-आँ बस कुन ख़मोश
महव शुद अंदर तमाशा-ए-रुख़-ए-जानान-ए-'इश्क़

ऐ 'नियाज़' इधर-उधर की बातें अब न कर
'इश्क़ के महबूब के रुख़्सार के दीदार में गुम हो जा

❁

कसे कि सिर्र-ए-निहानस्त दर अ'लन हम: ऊस्त
उ'रूस-ए-ख़ल्वत-ओ-हम-शम-ए'-अंजुमन हम: ऊस्त

वो जो छिपा भेद है वस्तुत: सब वही है
एकांत की दुल्हन और महफ़िल की शम्अ' सब वही है

हमी सदा-ए-ब-गोशम रसाँद बाद-ए-सबा
कि लाल:-ओ-गुल-ओ-नसरीन-ओ-नस्तरन हम: ऊस्त

मेरे कानों में सुब्ह की ठंडी हवा ने यही आवाज़ दी
कि लाला, गुलाब, सेवती और नस्तरन सब वही है

ज़े-मुस्हफ़-ए-रुख़-ए-ख़ूबाँ हमीं नमूद रक़म
कि ख़त-ओ-ख़ाल-ओ-रुख़-ओ-ज़ुल्फ़-ए-पुर-शिकनहम: ऊस्त

हसीनों के चेहरे की किताब में यही लिखा है
कि ख़त, रुख़्सार और घुंघराली ज़ुल्फ़ें सब वही है

ज़े-साज़-ए-मुत्रिब-ए-पुर-सोज़ ईं रसीद ब-गोश
कि चोब-ओ-तार-ओ-सदा-ए-तनन तनन हम: ऊस्त

उदास गवय्ये की धुन से मैंने ये सुना
कि तार और तनन तनन की आवाज़ सब वही है

अगर ज़े-क़ैद-ए-तअ'य्युन बरूँ शवी चु 'नियाज़'
नज़र कुनी कि दरीं ज़ेर-ए-पैरहन हम: ऊस्त

अगर तुम नियाज़ की तरह अपने अस्तित्व की क़ैद से मुक्त
हो जाओगे तो देखोगे कि उस लिबास के अंदर सब वही है

'नियाज़' नीस्त कि मी-गोयद ईं कलाम ईं दम
क़सम ब-हक़ कि दरीं वक़्त दर सुख़न हम: ऊस्त

इस वक़्त ये 'नियाज़' नहीं है जो ये बातें कह रहा है
ख़ुदा की क़सम इस वक़्त जो बातें कर रहा है सब वही है

❁

ब-रबूद ज़े दस्त ईं दिलम ए'जाज़-निगाहे
ज़ानस्त मरा हमदम-ओ-दम-साज़-निगाहे

एक निगाह का चमत्कार हाथों से मेरा दिल ले गया
इसीलिए वो निगाह मेरा मित्र और साथी है

हिन्दु शवद-ओ-चश्म-ए-सियाहत ब-परस्तद
गर बर-फ़िगनी बर बुत-ए-शीराज़ निगाहे

अगर तू शीराज़ के मा'शूक़ पर एक निगाह डाल दे तो
वो हिंदू हो जाए और तेरी सियाह आँखों की पूजा करने लगे

बर औज-ए-तमाशाए रुख़त कीस्त हवा-गीर
गो ताइर-ए-क़ुद्सीस्त ब-परवाज़ निगाहे

तेरे रुख़्सार के दीदार की बुलंदी पर कौन उड़ सका
चाहे वो जिब्रील ही क्यों न हों

चूँ नाज़-ए-तुरा ज़ीनत-ओ-ज़ेबे ज़े 'नियाज़स्त'
ज़ेबद कि बर ऊ अफ़गनी अज़ नाज़ निगाहे

जब तेरे नाज़-ओ-अदा की शोभा 'नियाज़' से है
तो उचित है कि तू उस पर मोहब्बत की एक निगाह डाले

❁

ख़ुद तजल्ली कर्द बर ख़ुद आँ बुत-ए-अ'य्यार-ए-मा
शाहिद-ए-रु-ए-ख़ुद आमद यार-ए-गुल-रुख़्सार-ए-मा

हमारे उस चतुर प्रेमी ने ख़ुद अपने आप पर अपनी तजल्ली दिखाई
मगर फूल जैसे चेहरे वाले हमारे महबूब पर वो ख़ुद आशिक़ हो गया

मुक़्तज़ा-ए-हुस्न बाशद जल्वः-गर बूदन ब-ख़ुद
मेहर-ओ-मह दर आईनः-बीं शाहिद-ए-गुफ़्तार-ए-मा

अपने हुस्न को दिखाना हुस्न का तक़ाज़ा होता है
हमारे इस दा'वे की सच्चाई को चाँद और सूरज के आईने में देखो

या-रब ईं रू नूर-ए-ताबानस्त या अफ़सून-ओ-सेह्र
कज़ तिलिस्म-ए-जादू-अश दीवानः शुद हुश्यार-ए-मा

ऐ ख़ुदा! ये चेहरा कोई रौशन नूर है या कोई जादू
जिसके मंत्रों से हमारा होशयार, दीवाना हो गया

मू-ए-ऊ गेसू-ए-मुश्कीनस्त या दुक्कान-ए-इ'त्र
शुद पुर-अज़ बू-ए-दिल-आवेज़िश सर-ए-अ'त्तार-ए-मा

उसकी ज़ुल्फ़ ख़ुशबूदार बाल हैं या कोई 'इत्र की दुकान
कि जिसकी महक से हमारे 'अत्तार का दिमाग़ ख़ुशबूदार हो गया

जलवः-ए-नूरे नुमूद-ओ-नूर-ए-अहमद नाम साख़्त
बस बुवद अहमद अहद अज़ रू-ए-ईं गुफ़्तार-ए-मा

उसने अपने नूर का एक जल्वा दिखाया और उस का नाम अहमद रखा
फिर हमारे अनुसार अहमद ही अहद हुआ

अज़ तअ'य्युन अव्वल-ओ-वहदत बयाने कर्द:-अम
ऐ 'नियाज़' आवर ब-गोश ईं गौहर-ए-शहवार-ए-मा

सावधानी से मैंने एकत्व और एकत्व की प्रतिज्ञा का वर्णन किया है
ऐ 'नियाज़' हमारे इन क़ीमती मोतियों को अपने कानों में भर ले

❁

परतव-ए-महर-ए-क़दीमस्त ईं मह-ए-ताबान-ए-'इश्क़
जल्वा-ए-नूर-ए-कलीमस्त आतिश-ए-सोज़ान-ए-'इश्क़

'इश्क़ का ये रौशन चाँद अल्लाह के सूरज का प्रतिबिंब है
'इश्क़ की भड़कती हुई आग कलीम के नूर का जल्वा है

दूद-ए-आह-ए-सर-कशी अज़ सीनः-ए-सोज़ान-ए-मन
मद्द-ए-बिस्मिल्लाह बाशद बर-सर-ए-दीवान-ए-'इश्क़

मेरे जलते हुए सीने से उठता विद्रोह का धुवाँ
'इश्क़ की पुस्तक में बिसमिल्लाह की मद है

आ'शिक़ाँ दर बे-नवाई ख़ुस्रवीहा मी-कुनद
शाही-ए-कौनैन दारद बे-सर-ओ-सामान-ए-'इश्क़

लाचारी में 'आशिक़ बादशाहत करते हैं
'इश्क़ में निर्धन दोनों जहाँ पर हुकूमत करते हैं

दर हरीम-ए-वस्ल-ए-जानाँ दर निहादम चूँ क़दम
हस्तियम रा कर्द बैरूँ अज़ दरश दरबान-ए-'इश्क़

विसाल के लिए जब मैंने महबूब के घर में क़दम रखा
तो 'इश्क़ के दरबान ने मुझे उस के दरवाज़े से बाहर निकाल दिया

कुश्तः-ए-शमशीर-ए-'इश्क़ अज़ मर्ग बाशद अल-अमाँ
ज़िंदा-ए-जावेद बाशद मुर्दः-ए-बे-जान-ए-'इश्क़

'इश्क़ की तल्वार का मारा हुआ मौत से सुरक्षित रहता है
और 'इश्क़ का बेजान मुर्दा अमर रहता है

चश्म-ए-इदराक-ए-ख़िरद रा बहरा-ए-नबुवद नियाज़
अज़ तमाशाए कि बीनद दीदः-हैरान-ए-'इश्क़

ऐ 'नियाज़'! 'अक़्ल की आँखों को वो नज़ारा नसीब न हो
जो 'इश्क़ की हैरान आँखें देखती हैं

❁

जल्वागाह-ए-ज़ात बीं दर मंज़र-ए-ऐवान-ए-दिल
'अर्श-ए-सुल्तान-ए-वुजूब ईं कुर्सी-ए-इम्कान-ए-दिल

दिल के महल की खिड़की पर उसके जल्वे को देख
अस्थिर दिल की यह कुर्सी, ईश्वर का सिंहासन है

गुंबद-ए-गर्दून-ए-'आलम अज़ हबाबे बेश नीस्त
कू नुमूदार आमदः अज़ बहर-ए-बे-पायान-ए-दिल

दुनिया का आसमानी गुंबद बुलबुले की तरह है
ये दिल के अथाह समुन्दर से अस्तित्व में आया है

दीद चूँ मैदान-ए-दिल बुर्हान सुल्लम नक़्ज़ याफ़्त
मुंतिज-ए-'अक्स-ए-क़ियासस्त हुज्जत-ओ-बुरहान-ए-दिल

जब उस ने दिल के मैदान को देखा तो तर्क समाप्त हो गया
दिल का तर्क, अनुमान को जन्म देता है

चूँ ज़ुलेख़ा की शवम मन मुब्तला-ए-यूसुफ़े
सद हज़ाराँ यूसुफ़-ए-मिस्रीस्त दर कन'आन-ए-दिल

मैं ज़ुलैख़ा की तरह युसूफ के 'इश्क़ का क़ैदी क्यूँ बनूँ
मेरे दिल के कन'आन में हज़ारों युसूफ़ रहते हैं

दर हबाब-ए-दिल ब-सिदक़-ए-जाँ हमी दारम 'नियाज़'
ता अबद बाशद हमीं साँ दस्त-ए-मन दामान-ए-दिल

दिल के बुलबुले मुझे जान से भी अधिक प्रिय है
मेरे हाथ में दिल का दामन हमेशा इसी तरह रहेगा

अज़ बयान-ए-ईं-ओ-आँ ख़ामोश ब-नशीं ऐ 'नियाज़'
बाश मुसतग़रक़ ब-दीदार-ए-रुख़-ए-जानान-ए-दिल

ऐ नियाज़ इधर-उधर की बातें न कर चुप रह
महबूब के दिल के दर्शन में लगा रह

❁

मुस्तज़ाद

ऐ दोस्त ब-बीं दर हमः सू रू-ए-ख़ुदा-रा बा-ऐ'न निगाहे
मी दाँ ब-यक़ीं ईं हमगी मा-ओ-शुमा रा मिरआत-ए-इलाहे

ऐ दोस्त! अपनी ख़ालिस निगाह से चारों ओर ख़ुदा का जल्वा देख
अल्लाह के आईने में हम और तुम के इन भेदों को विश्वास से समझ

ख़ुद बहर-ए-तमाशा-ए-रुख़श आमदः बैरूँ अज़ हजलः-ए-ख़ल्वत
गह दल्क़ ब-बर कर्दः-ओ-गह सूरत-ए-दारा बा-हश्मत-ओ-जाहे

तन्हाई की छपर-खट से अपना दर्शन करने के लिए वह बाहर आया
वैभव और दबदबे के साथ कभी गुदड़ी में तो कभी दारा की शक्ल में

गह सू-ए-कलीसा शुदः नाक़ूस ब-दस्तश दर पर्दः-ए-नरसा
गह कर्दः ब-दस्त आमदः तस्बीह-ओ-'असा रा पोशीदः कुलाहे

नसारा की शक्ल में कभी उस ने शंख लेकर कलीसा का रुख़ किया
सर पर टोपी रखे कभी हाथों में तस्बीह और 'असा लेकर प्रकट हुआ

गर मो'तकिफ़-ए-मस्जिद-ओ-दर कुंज तफ़र्रुद पिन्हाँ ज़े-जहाँ शुद
गह शाहिद-ए-महफ़िल शुदः आँ अंजुमन-आरा रश्क-ए-ख़ुद-ओ-माहे

कभी दुनिया में अकेला रहा और कभी मस्जिद में 'बिराजमान हुआ
कभी महफ़िल का महबूब हुआ और सूरज और चाँद की ईर्ष्या का कारण हुआ

गुमराह तरीक़े अगरश ग़ैर ब-दानी ऐ तालिब-ए-मौला
बीनी हमः ऊ गर हमः ईं मा-ओ-शुमा रा आए सू-ए-राहे

ऐ मौला के तलबगार अगर तू इसे ग़ैर समझे तो, तू भटका हुआ है
अगर तू समझे कि ये हम और तुम वही हैं तो तू इस के रास्ते की जानिब है

मानिंद-ए-'नियाज़' आई बरूँ अज़ चे हस्ती गर 'आशिक़-ए-हक़्क़ी
ज़ाँ पस तू ख़ुदा बाशी-ओ-बीनी तू ख़ुदारा दर हर पर-ए-काहे

अगर तू सच्चा 'आशिक़ है तो नियाज़ की तरह हस्ती के फ़रेब से बाहर आ जाएगा
इस के बाद तू ख़ुदा होगा और हर घास-फूस को ख़ुदा की नज़रों से देखेगा

दर किस्वत-ए-नौ आमदः आँ दिलबर-ए-ज़ेबा हर शाम-ओ-पगाहे
गह मेहर-ए-दरख़्शंदः ब-रू-ए-हमः दुनिया गह सूरत-ए-माहे

हर शाम और सुब्ह वो ख़ूबसूरत महबूब के प्रकाश के लिबास में प्रकट हुआ
कभी दुनिया के सामने चमकता हुआ महबूब बनकर तो कभी चाँद बनकर

गह फ़र्श गहे 'अर्श गहे बहर गहे बर गह सूरत-ए-क़तरः
गह शक्ल-ए-सदफ़ आमदः गह गौहर-ए-यकता गाहे पर-ए-काहे

कभी समुन्दर की सूरत बनाई, कभी ज़मीन, कभी आसमान, कभी जंगल
कभी बूँद की सूरत में तो कभी सीप की शक्ल में प्रकट हुआ

गह दल्क़ ब-बरकरदः ब-बाज़ार बर आमद दर शक्ल-ए-गदायाँ
गह ताज ब-सर आमदः बर तख़्त-ए-मुतल्ला दर सूरत-ए-शाहे

कभी भिकारियों की सूरत बनाई तो कभी गुदड़ी पहन कर बाज़ार में आया
कभी सोने के तख़्त पर सर पर ताज सजाए एक बादशाह की शक्ल में आया

गह पैकर-ए-लैला शुदः ख़ुद जल्वःगरी कर्द बर मसनद-ए-ख़ूबी
गर हैकल-ए-मज्नूँ शुदः गर दीद ब-सहरा बा-हाल-ए-तबाहे

हुस्न की मस्नद पर कभी लैला के रूप में ख़ुद जल्वा-गरी की
कभी मज्नूँ बन कर परेशान-हाल जंगल-जंगल घूमा

गुफ़्तस्त चु ख़ुद कमिस्लिहि शैउन दर हज़रत-ए-क़ुरआँ
ज़ाँ पस ब-चे साँ दानम-ओ-बीनम हमः अशिया जुज़ ज़ात-ए-इलाहे

उस ने कुरआन में जब ख़ुद कहा है कि मेरी तरह कोई नही
इस के बा'द सिवाए अल्लाह के मैं किस तरह सारी चीजों को देखूँ और समझूँ

दर ख़ल्क़ 'नियाज़' ईं सुख़न-ए-सिर्र-ए-हक़ीक़त बे-पर्दः म-फ़र्मा
ईं रा ज़े-निगह-दार ब-कुंज-ए-दिल-ए-शैदा बा-हिफ़्ज़-ए-निगाहे

ऐ नियाज़ ये सत्य के भेद हैं, लोगों से इसे बेपर्दा मत कह
इस भेद को ऐ 'आशिक़ अपने दिल में सुरक्षित रख

सिर्र-ए-ख़फ़ी अज़ मतला-ए'-अनवार बर आमद नादीदः 'अयाँ शुद
अज़ बहर-ए-ज़ुहूरश प-ए-इज़हार बर आमद बर ख़ुद निगराँ शुद

अन-देखा ज़ाहिर हुआ और अनवार के क्षितिज से छिपा भेद प्रकट हुआ
अपने ही जल्वे का देखने वाला ख़ुद को प्रकट करने के लिए स्वयं प्रकट हुआ

ख़ुद गुफ़्त अनल-हक़्क़ ब-सर-ए-दार बर आमद सरदार-ए-जहाँ शुद
ख़ुद बूद कि आँ बरसर-ए-इंकार बर आमद ता'ज़ीर-ए-जहाँ शुद

दुनिया का सरदार हो कर ख़ुद उस ने अनल-हक़्क़ कहा और सूली पर चढ़ गया
वो ख़ुद ही इंकार कर बैठा और दुनिया के लिए सज़ा बन गया

ख़ुद बूद कि बर शाख़-ए-समर-दार बर आमद दर सूरत-ए-अंगूर
ख़ुद ख़म्र शुदः अज़ ख़ुम-ए-ख़म्मार बर आमद मदहोश-कुनाँ शुद

अंगूर की शक्ल में वो ख़ुद ही फल-दार शाख़ पर ज़ाहिर हुआ
वो ख़ुद ही शराब-फ़रोश के प्याले में शराब बना और सब को बेहोश कर गया

ख़ुद मो'तकिफ़-ए-मस्जिद-ओ-तस्बीह ब-दस्तश बर रू-ए-मुसल्ला
हम ख़ुद ज़े-दर-ए-मय-कदः सरशार बर आमद बेहोश रवाँ शुद

ख़ुद हाथों में तस्बीह लिए मस्जिद में मुसल्ला पर जा बैठा
ख़ुद ही मय-ख़ाना के दरवाज़े से मस्त होकर निकला और बेहोश चल पड़ा

गह ज़ालः-ओ-गह बर्फ़ गहे-ए-अब्र-ए-मतीरस्त गह शक्ल-ए-हबाबे
दर लहज़ः ब-दरिया शुदः हमवार बर आमद आँ बूद कि आँ शुद

वो कभी ओला, कभी बर्फ़ कभी बादल और कभी बुलबुले की तरह है
वो कभी दरिया बना और उससे बाहर आ गया वो वही था जो गुम था

दर शक्ल-ए-'नियाज़' आमदः ईं शर्ह-ओ-बयाँ कर्द बा-ग़ौर-ए-निगः कुन
ख़ुद नीस्त 'नियाज़' आँ कि ब-गुफ़्तार बर आमद नादाँ ब-गुमाँ शुद

उस ने 'नियाज़' की शक्ल में ये बात कही कि ग़ौर से देख
ये 'नियाज़' नहीं है जिस ने ये बातें कहीं हैं, ना-समझ शक में मुब्तिला हो गया

ना'त-ओ-मंक़बत

दिला ख़ाक-ए-रह-ए-कू-ए-मोहम्मद शौ मोहम्मद शौ
ज़े-हर-सूए बिया सू-ए-मोहम्मद शौ मोहम्मद शौ

ऐ दिल! मोहम्मद की गली की मिट्टी बन, मोहम्मद हो, मोहम्मद हो
हर तरफ़ से मोहम्मद की तरफ़ आ, मोहम्मद हो, मोहम्मद हो

ब-हर-दम सज्दः-ए-जाँ सू-ए-अबरू-ए-मोहम्मद कुन
ब-रू-ए-क़िब्लः-ए-रू-ए-मोहम्मद शौ मोहम्मद शौ

हर वक़्त रूह का सज्दा मोहम्मद की भवों की तरफ़ कर
मोहम्मद के क़िब्ला की तरफ़ जा, मोहम्मद हो, मोहम्मद हो

तजर्रुद पेशा-गीर अज़ क़ैद-ए-आलम वारहाँ ख़ुद रा
असीर-ए-हल्क़ः-ए-मू-ए-मोहम्मद शौ मोहम्मद शौ

दुनिया की क़ैद से तन्हाई इख़्तियार कर, ख़ुद को आज़ाद कर
मोहम्मद की ज़ुल्फ़ का क़ैदी हो, मोहम्मद हो, मोहम्मद हो

ब-अख़्लाक़-ए-इलाही मुत्तसिफ़ बूदन अगर ख़्वाही
सरापा सीरत-ओ-ख़ू-ए-मोहम्मद शौ मोहम्मद शौ

अगर तू ईश्वर का स्वभाव इख़्तियार करना चाहता है
तो सर से पैर तक मोहम्मद के स्वभाव वाला हो, मोहम्मद हो, मोहम्मद हो

बकुन ख़ाली मशाम अज़ बूए गुल-हा-ए-जहाँ ऐ दिल
बिया दिल-दादः-ए-बू-ए-मोहम्मद शौ मोहम्मद शौ

ऐ दिल दुनिया के फूलों की ख़ुशबू से अपने नाक को ख़ाली कर
आ! मोहम्मद की ख़ूशबू का दीवाना बन, मोहम्मद हो, मोहम्मद हो

'नियाज़' अंदर दिलत गर मेहर-ए- 'इरफ़ान-ए-ख़ुदा बाशद
फ़िदा-ए-शान दिल-जू-ए-मोहम्मद शौ मोहम्मद शौ

ऐ 'नियाज़' अगर तेरे दिल में अल्लाह के 'इरफ़ान की मोहब्बत है
तो मोहम्मद के दिल लुभाने वाले स्वभाव को अपना, मोहम्मद हो, मोहम्मद हो

ज़हे 'इज़्ज़-ओ-'अला-ए-मुंतहा-ए-औज-ए-इंसाने
नबी-ए-यसरिबी-ए-महबत-ए-तंज़ील-ए-फ़ुर्क़ाने

आप की श्रेष्ठता, प्रतिष्ठा और सम्मान का क्या कहना
आप मदीने वाले नबी और क़ुरआन के अवतरण के निमित्त हैं

अमीर-ए-'आलम-ए-अम्रे शह-ए-मा'मूरा-ए-ख़ल्क़े
अदीब-ए-'उल्वी-ओ-सिफ़्ली रसूल-ए-इंसी-ओ-जाने

आप संसार के अमीर और सृष्टि के हाकिम हैं
आप ज़मीन और आसमान के मुर्शिद, इंसानों और जिन्नों के रसूल हैं

ज़ुहूर-ए-कामिल-ए-ज़ात-ओ-सिफ़ात-ए-हज़रत-ए-यज़्दाँ
हबीबी सय्यदी महबूब-ए-ख़ासुल-ख़ास-ए-रब्बाने

आप अल्लाह के गुणों को प्रकट करने वाले हैं
आप मेरे हबीब, मेरे सरदार और अल्लाह के ख़ास महबूब हैं

रहीमी रहमतुल-लिल-'आलमीं शाफ़े-ए'-ख़ल्क़े
करीम-ए-अकरमुल-ख़ल्के सरापा फ़ैज़-ए-रहमाने

आप कृपालु, दुनिया के लिए रहमत और अपने अनुयायियों
को मोक्ष दिलाने वाले हैं आप दयालु, श्रेष्ठ और ईश्वर की कृपा का रूप हैं

चे वुस'अत दादः-ए-यारब ब-ज़र्फ़-ए-आँ 'अज़ीमुश्शाँ
कि इन्नी 'अब्दुहु गोयद बजाए क़ौल-ए-सुब्हाने

ऐ अल्लाह! तू ने उस महान हस्ती को कैसा मक़ाम प्रदान किया
कि उसने हदीस-ए-सुबहानी की जगह इन्नी- 'अब्दुहू फ़रमाया है

'नियाज़' अंदर दिलत गर बर्ज़ख़-ए-कुब्राश जागीरद
न बीनी ता-अबद रू-ए-परेशानी-ओ-हैराने

ऐ 'नियाज़' अगर तुम्हारे दिल में उन का बर्ज़ख़ जगह बना ले तो
तू क़यामत तक किसी परेशानी और हैरानी का चेहरा नही देखेगा

❁

ज़हे इ'ज़्ज़-ओ-जलाल-ए-बू-तुराबी फ़ख़्र-ए-इंसानी
'अली-ए-मुर्तज़ा मुश्किल-कुशा-ए-शेर-ए-यज़्दानी

वाह-रे इंसानों के फ़ख़्र हज़रत अबू तुराब की 'इज़्ज़त-ओ-जलाल
कि 'अली मुर्तज़ा, मुश्किल-कुशा और ख़ुदा के शेर हैं

वली-ए-हक़ वसी-ए-मुस्तफ़ा दरिया-ए-फ़ैज़ानी
इमाम-ए-दो-जहानी क़िब्लः-ए-दीनी-ओ-ईमानी

अल्लाह के वली, मुस्तफ़ा के उत्तराधिकारी और कृपा का एक दरिया हैं
वो दोनों जहान के इमाम,धर्म और ईमान का क़िब्ला हैं

अमीर-ए-किश्वर-ए-फ़क्रे शह-ए-इक़्लीम-ए-'इरफ़ानी
ख़ुदा गोई ख़ुदा बीनी ख़ुदा दानी ख़ुदा शाफ़ी

फ़क़ीरों के देश के बादशाह और रहस्यवाद के संसार के राजा हैं
ईश्वर का जाप करने वाले, ईश्वर से दिल लगाने वाले और ख़ुदाई शान वाले हैं

अनीस-ए-महफ़िल-ए-उंसी जलीस-ए-मज्लिस-ए-क़ुदसी
सुरूर-ए-जान-ए-ख़ासानी नशात-ए-रूह-ए-पाकानी

आप मोहब्बत की महफ़िल के दोस्त और फ़रिश्तों की महफ़िल के साथी
नेक लोगों की रूह की ख़ुशी और पवित्र लोगों की जान का आनंद हैं

अजब न-बुवद बहार-ए-बे-ख़िज़ाँ बाग़-ए-मोहिब्बाँ रा
कि मी-बारद बर ऊ हर-लहज़: अब्र-ए-फ़ैज़-ओ-एहसानी

उनके प्रेमियों के बाग़ में बग़ैर पतझड़ की बहार हो तो त'अज्जुब नहीं
क्यूँकि हर वक़्त उन पर कृपा की बारिश होती है

'नियाज़' अंदर क़यामत बे-सर-ओ-सामाँ न-ख़्वाहद शुद
कि अज़ हुब्ब-ओ-तवल्ला-ए-अली दारी तु सामानी

ऐ 'नियाज़'! क़ियामत में तू बे-सर-ओ-सामान नहीं होगा
क्यूँ कि तुम्हारे पास 'अली की मोहब्बत का सामान है

❁

अमीर-उल-मोमिनीन सिद्दीक़-ए-अकबर
इमाम-उल-मुस्लिमीन सिद्दीक़-ए-अकबर

मोमिनीन के अमीर हज़रत-ए-सिद्दीक़-ए-अकबर
मुस्लमानों के इमाम हज़रत-ए-सिद्दीक़-ए-अकबर

रईस-उल-'आशिक़ीन सिद्दीक़-ए-अकबर
अनीस-उल-'आरिफ़ीन सिद्दीक़-ए-अकबर

'आशिक़ों के सरदार हज़रत-ए-सिद्दीक़-ए-अकबर
रहस्यवादियों के हमदर्द हज़रत-ए-सिद्दीक़-ए-अकबर

रफ़ीक़-ए-मुस्तफ़ा दर ग़ार-ए-तारीक
न बूदः ग़ैर अज़ीं सिद्दीक़-ए-अकबर

गुफा के अँधेरे में हज़रत मोहम्मद के साथी
नहीं था कोई सिवाए हज़रत-ए-सिद्दीक़-ए-अकबर के

निसार-ए-मा-हज़र बर मुस्तफ़ा कर्द
बरा-ए-कार-ए-दीं सिद्दीक़-ए-अकबर

जो भी था उसे पैग़म्बर मोहम्मद पर क़ुर्बान कर दिया
दीन के काम के लिए हज़रत-ए-सिद्दीक़-ए-अकबर ने

ब-इजमा-ए-सहाबः शुद मुक़र्रर
नबी रा जा-नशीं सिद्दीक़-ए-अकबर

सहाबा की सहमति से मुक़र्रर हुए
हज़रत मोहम्मद के उत्तराधिकारी हज़रत-ए-सिद्दीक़-ए-अकबर

'नियाज़' अज़ बहर-ए-आँ मदहश बरआयद
कि बूदस्त ईं चुनीं सिद्दीक़-ए-अकबर

'नियाज़' इसलिए उनका प्रशंसक है
कि ऐसे ही थे हज़रत-ए-सिद्दीक़-ए-अकबर

❁

ब-देह दस्त-ए-यक़ीं ऐ दिल ब-दस्त-ए-शाह-ए-जीलानी
कि दस्त-ए-ऊ बूद अंदर हक़ीक़त दस्त-ए-यज़्दानी

ऐ दिल यक़ीन का हाथ शाह जीलानी के हाथ में दे
क्यूँ कि उनका हाथ हक़ीक़त में अल्लाह का हाथ है

अमीरी दस्त-गीरी ग़ौस-ए-आज़म क़ुतुब-ए-रब्बानी
हबीब-ए-सय्यद-ए-आलम ज़हे महबूब-ए-सुबहानी

आप अमीर, दस्तगीर, ग़ौस-ए-आ'ज़म और ईश्वर के क़ुतुब हैं
हबीब और दुनिया के सरदार हैं अरे वाह महबूब-ए-सुबहानी हैं

शब-ए-बख़्त-ए-सियह रा ज़र्र:-ए-मेहरश कुनद सुब्हे
फ़रोज़द लम'अ-ए-लुत्फ़श रुख़-ए-शाम-ए-ग़रीबानी

बद-क़िस्मती की अँधेरी रात को उनकी कृपा का कण रौशन कर देता है
उनकी कृपा की रौशनी मुसाफ़िरों की शाम के चेहरे को रौशन कर देती है

ब-बख़्शन्द अज़ रह-ए-फ़य्याज़ी अदना बे-नवाए रा
गदायान-ए-दरश देहीम शाही तख़्त-ए-सुलतानी

अपनी कृपा से तुच्छ और फ़क़ीरों को नवाज़ते हैं
उनकी चौखट के फ़क़ीर बादशाहत 'अता करते हैं

मलाएक तरहक़ू गोयाँ रवंद अंदर रकाब-ए-ऊ
जिलौ-दारी कुनंद ऊ रा ख़्वास-ए-इंसी-ओ-जानी

फ़रिश्ते हटो रास्ता दो कहते हुए उनके साथ चलते हैं
इंसानों और जिन्नातों के गिरोह उनके घोड़े की लगाम थामे चलते हैं

'नियाज़' अंदर जनाब-ए-पाक ऊ अज़ क़ुद्सियाँ बायद
कि आयद जिब्राईल अज़ बहर-ए-कारोबार-ए-दरबानी

ऐ 'नियाज़' उनकी पवित्र बारगाह में मन भी पवित्र होना चाहिए
क्यूँकि वहाँ जिब्राईल दरबानी की ख़िदमत के लिए आते हैं

ख़्वाजा-ए-ख़्वाजगाँ मु'ईनुद्दीन
फ़ख़्र-ए-कौन-ओ-मकाँ मु'ईनुद्दीन

ख़्वाजों के ख़्वाजा मु'ईनुद्दीन
दोनों जगत का गौरव मु'ईनुद्दीन

सिर्र-ए-हक़ रा बयाँ मु'ईनुद्दीन
बे-निशाँ रा निशाँ मु'ईनुद्दीन

ईश्वर के भेदों का वर्णन मु'ईनुद्दीन
बे-निशानों का निशाँ मु'ईनुद्दीन

मज़हर-ओ-जल्वा-गाह-ए-नूर-ए-क़िदम
आफ़्ताब-ए-जहाँ मु'ईनुद्दीन

ईश्वरीय प्रकाश के प्रकट होने का स्थान और
दुनिया का सूरज मु'ईनुद्दीन

मुर्शिद-ओ-रहनुमा-ए-अहल-ए-सफ़ा
हादी-ए-इंस-ओ-जाँ मु'ईनुद्दीन

दुनिया वालों के मुर्शिद और रहनुमा
इंसानों और जिन्नातों के मार्गदर्शक मु'ईनुद्दीन

आ'शिक़ाँ रा दलील-ए-राह-ए-यक़ीं
सद्द-ए-राह-ए-गुमाँ मु'ईनुद्दीन

अपने प्रेमियों को विश्वास का रास्ता दिखाने वाले
गुमान के रास्ते को बंद करने वाले मु'ईनुद्दीन

ख़्वाजा-ए-ला-मकान-ओ-क़ुद्स-मुक़ाम
आसमाँ आस्तान-ए-मु'ईनुद्दीन

स्वर्ग में बास करने ख़्वाजा और दिव्य संसार के मालिक
आसमान जैसी चौखट वाले मु'ईनुद्दीन

क़ुर्ब-ए-हक़ ऐ 'नियाज़' गर ख़्वाही
साज़-ए-विर्द-ए-ज़बाँ मु'ईनुद्दीन

ऐ 'नियाज़' अगर तू ईश्वर की निकटता चाहता है
तो ज़बान का वज़ीफ़ा बना मु'ईनुद्दीन

होरी

होरी होय रही अहमद जियो के द्वार
नबी अली को रंग बनो है हसन हुसैन खिलार

ऐसो अनोखो चतुर खिलाड़ी रंग दीनो संसार
'नियाज़' प्यारा भर भर छिड़के एक ही रंग पिचकार

❁

निज़ामुद्दीन गरीब नवाज बाँह गहे की तुम्हें को लाज
ज़री-ज़र-बख़्श महबूब-ए-इलाही सरस अमीर महा सरताज

गंज शकर के प्यारे दुलारे सोहत तुम पर हिन्द को राज
सब मोरे मन की काज सँवारो तन मन जोबन करन हो 'नियाज़'

❁

कैसो रचो री रंग होरी अजमेर ख़्वाजा
नर-नारी की पाक चीर या पेम की रंग छकोरी

राणा राव और शैख़ मशाइख़ रल मिल चाँचर जोरी
जामिन हैं महबूब-ए-इलाही गोपिन मान किशोरी

या रसिया की निर्मल मूरत जोति रूप बनो री
ऐसे रंगीले नबी से लागी 'नियाज़' की मन की रोरी

❁

मैं तो बौरी भई सुन ऐ री सखि आँ बिरहा कीनो जोर
तारी मोहे अंगारे लागीं धुआँ-धार भय भोर

देखूँ मैं ठारे दृष्टि लगाए चिश्त के चंदा की ओर
गंज शकर के नंद-चँद पर भयो है 'नियाज़' चकोर

❋

पिया मो से तुम कैसे कीनी मन हर के फिर खबर न लीनी
तुम बिन दिन भयो मास बराबर रैन भई मो को बरसी नी

'नियाज़' तिहारे काज गँवाइ घर की लाज कुटुम तज दीनी
कोई कहे मो को दुखियारी कोई कहे मति की हीनी

❋

होरी खेलन श्याम से मैं चली बरज की नगरिया
हाथ में थाम अबीर गुलाल को सर पर रंग की गगरिया

जो पिया हमरे चूनर छिड़के मैं बोरों वा की पगरिया
'नियाज़' कछु न जानत-बूझत कोउ बताए देव डगरिया

❋

ऐसी होरी कौन रचो री जा की धूम मची चहूँ ओरी
करत पिचकारी निरत सुरत की पेम रस के रंग बहुरौ री

तरुनी नारी सखियाँ सारी दीनी बहजोई क्यूँ सर बोरी
वा रसिया से लाग रही है 'नियाज़' की चित्त और हित की डोरी

❁

अचरज देख मोर पियरवा सदा रहत मोरे घर माहीं
हूँ अज्ञानी घर नाहीं खोजत भटकत जाहीं-ताहीं

सत्त-गुरु की किरपा कीनो पिया पाए डारी गर बाहीं
घर बाहर आप वही है 'नियाज़' हौं नाहीं हौं नाहीं

❁

काहू कला-कल नाहीं परत है ब्याकुल रहत सरीर
ना जानूँ का होत है मन में मीठी-मीठी पीर

सगरी रैन मोहे तरपत बीती नैनन ढुड़कत नीर
पीर निज़ाम 'नियाज़' अपनी की आन बंधाओ धीर

❁

नय्या लगा दो पार ख़्वाजा मोरी नय्या लगा दो पार
बिना खेवय्या बही-बही हूँ आन पड़ी मंझधार

ना कोई अपना बाँह गहय्या ना कोई खेवन-हार
बूड़ी जात है 'नियाज़' की नय्या तुम होते जगतार

❁

सखी जाए कहो मन-मोहन को जिया तड़पत है तोही दरसन को
मोहे काहू कला-कल नाहिं परत क्यूँ ब्याकुल तन-मन बिरहन को

दुःख रूप जोबन सब खोय देओ जीवन सेत रहो तन-मकतन को
जब 'नियाज़' प्राण सकत न रही फिर का करहूँ इन हाडन को

❀

हुलसात जिया पिया देखन को न सुहात कछू मोहि बिरहन को
दो नैन बहि झर की झरनाँ मानों राहें रुत सावन को

पिया-पिया तरपत परी हूँ रही पिया ऊ कहत ही या बेदन को
तोरी बल-बल जाऊँ 'नियाज़' पिया दुख दूर करो मोरी तन-मन को

❀

पिया बिछरत हम कछू न कही ई मन की बात मन ही में रही रे
ब्याकुल फिरत हूँ बिरह की मारी कौन-कौन बिपत न सही रे

जाय कहो कोई 'नियाज़' मौला से मत छाड़ौ मोरी बहियाँ गही रे
अपने 'आशिक़ को पार उतारो मंझधार मोरी नय्या बही रे

❀

होरी होइ ऐ ननदिया की माती
चहूँ और फाग की धूम मची है घर-घर रंग रचो री

अवसर पीटी याद करेगी कत फागुन कत होरी
'नियाज़' कहा हो कल पछताए आज करो सो करो री

❁

सुन मोरी सजनी रुत फागुन की है बहार
होरी खेले धूम मचावे नाचे दे दे तार

'नियाज़' प्यारा चतुर खिलारी अचल खेल खिलार
मुख मेंढ़ें और फगवा माँगें तब हम चतुर नार

❁

रंग राचो बसंत नई रुत हज़रत नबी रसूल की
हर हरी रंग हसन की हरली लाल लाल कलियाँ हुसैन की लाली

'आशिक़ भौंरा दरस के माती अंग न मावत फूल की
'अली बतूल भई वा की माली रब के हुज़ूर बनाई डाली

दीनो इन'आम उम्मत के शफ़ा'अत लीनी 'नियाज़' क़ुबूल की

❁

मन-मोहन प्यारो मोहि बिरहन तज दीनों रे
पहले तो बाँकी आन दिखा के मन मेरो हर लीनों रे

अब मैं को बैराग दियो है आप रहत रंग भीनों रे
'नियाज़' को हमरी संगत से सौतन बैरन छीनों रे

❁

बसंत

ख़्वाजा मोइनुद्दीन के घर आज धाती है बसंत
क्या बन बना और सज सजा मुजरे को आती है बसंत

फूलों के गड़वे हाथ ले गाना-बजाना साथ ले
जोबन की मध में मस्त हो हो राग गाती है बसंत

छतियाँ उमंग से भर रहीं नैनाँ से नैनाँ लड़ रहीं
किस तर्ज़-ए-मा'शूक़ाना से जल्वे दिखाती है बसंत

ले संग सखियाँ गुल-बदन रंग-ए-बसंती का बरन
क्या ही ख़ुशी और ऐ'श का सामान लाती है बसंत

नाज़-ओ-अदा से झूमना ख़्वाजा की चौखट चूमना
देखो 'नियाज़' इस रंग में कैसी सुहाती है बसंत

❁

मन-मोहन छब दिखलाई सरसों फूली आँखों में
प्रेम की ज़र्दी मुख पर छाई सरसों फूली आँखों में

'नियाज़' कहानी मोरी भाई होश गया बे-होशी आई
ख़ुदी गई जब मिली ख़ुदाई सरसों फूली आँखों में

❁

श्याम सुंदर की जब सुध आई सरसों फूली आँखों में
कुछ का कुछ है देत दिखाई सरसों फूली आँखों में

हर-हर बूंद समंद्र पहचानूँ हर ज़र्रा-ए-ख़ुर्शीद
वाह गुरू जी ख़ूब सुझाई सरसों फूली आँखों में

बंदे को अल्लाह बखानो क़ैदी को बे-क़ैद
अन-कहनी मुँह से कहलाई सरसों फूली आँखों में

ऊँच-नीच में फ़र्क़ न जानूँ दुई हुई नापैद
वहदत मन पर ऐसी छाई सरसों फूली आँखों में

'नियाज़' आप को आप न जानूँ कुजा 'उम्र कित आयद
निगल गई पर्बत को राई सरसों फूली आँखों में

❁

रंग राचो बसंत नई रुत हज़रत नबी रसूल की
हर हरी रंग हसन की हरली लाल लाल कलियाँ हुसैन की लाली

'आशिक़ भौंरा दरस के माती अंग न मावत फूल की
'अली बतूल भी वा की माली रब के हुज़ूर बनाई डाली

दीनो इन'आम उम्मत के शफ़ा'अत लीनी 'नियाज़' क़ुबूल की

❁

गीत

मध में समाई जोश में आई देखो जी अब उबले है
समुँद बूँद में डुबकी खाई देखो जी अब उछले है

निगल गई पर्बत को राई देखो जी अब उगले है
'नियाज़' के पर्दे में है ख़ुदाई देखो जी अब निकले है

❋

सुम्मुन बुकमुन 'उम्युन हो के हक़ से ध्यान लगाओ जी
बे-रंगी की सुरत जमा के अपना आप गुमाओ जी

पाक मुनज़्ज़ह पूरे हो सुबहानी गुन गाओ जी
'नियाज़' गया जब अल्लाह कूँ, कौन रहा फ़रमाओ जी

❋

सुन धुन मुरली मोहन की सुध-बुध सब बिसरानी
सखी सहेली संग की खेली तुम्हीं प्रीत पहचानी

हर मूरत में 'नियाज़' को जानो ऐसी मत बौरानी
पीत की रीत क्या यही होत है साँच कहो गुर ज्ञानी

❋

जोगनिया का भेस बना के पी को ढूँढ़न जाऊँ
नगरी-नगरी द्वारे-द्वारे पी-पी सबद सुनाऊँ

दरस भिकारी जग में होगे दर्शन भिक्षा पाऊँ
तन-मन जोबन उन पर वारूँ तब मैं 'नियाज़' कहाऊँ

❁

उमंगो जोबन वाले से का राखौं सँभार
अंबवा बौरे टेसू फूले बिरन बिरन की बहार

आया फागुन होरी खेल तरुनी बारी बार
हमरे मीत को तू इक तू देहू मुँह पसार

❁

मन लागो अब कैसे छूटी लगी पेम की डोरी
बिरहा अगिन सुलगत है तन में जल-भुन भसम भयो री

मदन मुरारी फाग खेलत वहाँ हम सुलगत जैसे होरी
'नियाज़' तुम्हारी ले है बलैयाँ बेग खबर लियो मोरी

❁